이재명,
흔들리지 않는
원칙

이재명,
흔들리지 않는
원칙

임종성 지음

모아북스
MOABOOKS

서문

저들은 이재명을 왜 이토록 두려워할까요?

〰

"가장 위험한 사람!"
지금 우리 사회에서 꼽는다면 누굴까요?
윤석열이거나 김건희! 딩동댕~

    이래야 상식적으로 얘기가 되지요. 하지만 한동훈은 답이 '이재명'이라네요. 지난 2월 초에 이재명이 공직선거법 위반 항소심 선고를 앞두고 추가로 신청한 위헌법률심판 제청을 두고, 한동훈이 SNS에 '정말 위험한 사람'이라는 프레임과 함께 영어로 'Most Dangerous Man in Korea'라고 적었습니다. 윤석열한테 영어 잘한다고 장관 자리까지 받은 한동훈이 'The'를 빼먹었네요. 정작 우리 사회를 극도의 위험에 빠뜨린 자기 사수는 쏙 빼놓은 채 개소리를 쓰려니까 양심에 찔려서

실수를 한 거겠죠?

　이번엔 문제 하나 내볼까요? 다음 중 '망언'이라고 생각되는 발언을 있는 대로 골라보세요.

　1. 원전을 경제논리로만 따져 가동하는 일은 전기세 아끼자고 시한폭탄을 방치하는 것과 같습니다.

　2. 카톡이 가짜뉴스 성역입니까? 가짜뉴스는 민주주의의 적입니다. 무슨 수를 쓰더라도 반드시 뿌리를 뽑아야 합니다. 이 가짜뉴스에 기생하고 가짜뉴스에 기대서 이 나라 질서를 어지럽히는 행위에 대해서는 우리 민주당의 역량을 총동원해서 엄중하게 책임을 묻고 반드시 이 사회에서 퇴치하도록 하겠습니다.

　3. 우리가 진보 정권이 아니에요. … 우리는 사실은 중도 보수 정도의 포지션을 실제로 갖고 있고, 진보 진영은 새롭게 구축돼야 되고요….

　4. 제가 아마도 12월 3일 내란의 밤이 계속됐더라면 연평도 가는 그 깊은 바닷속 어딘가쯤에서 꽃게밥이 되고 있었을 것 같습니다. 살아있어서 행복합니다.

　5. [외국인 건강보험료 논란 관련] 외국인 혐오 조장으로 득표하는 극우 포퓰리즘은 나라와 국민에 유해하다. 나치의 말로를 보시라. 혐오와 증오를 부추기고 갈등과 분열을 조장하는 것은 구태 여의도 정치.

6. 대한민국이 다른 나라의 정부 수립 단계와 달라서 당시 친일청산을 못 하고 친일 세력들이 미 점령군과 합작해서 지배체제를 그대로 유지했다.

7. 세계에서 독립 주권국가가 군사작전권을 다른 나라에 맡긴 예가 없지 않으냐. 주권의 핵심 요소 중에서 핵심이 군사주권, 그중에서 작전권 아니겠느냐. 이걸 맡겨뒀다는 것도 상식 밖의 일이고 예외적인 상황. 당연히 전작권은 최대한 신속하고 빠르게 환수해야 한다.

8. 아무리 비싸고 더러운 평화도 이긴 전쟁보다 낫다.

9. 누군가는 정치보복을 끊어야 하고, 기회가 되면 당연히 내 단계에서 끊겠다.

10. 창의와 자율이 핵심인 첨단기술사회로 가려면 노동시간을 줄이고 주 4.5일제를 거쳐 주 4일 근무 국가로 나아가야 한다.[1]

---

[1] https://www.peoplepowerparty.kr/news/data_promotion_view/105904?page=1&

망언 좀 골라보셨나요? 못 찾으셨다고요. 그런데 이게 다 망언이라며 국민의힘 원내대표실이 지난 3월에 펴낸 망언집에 수록된 겁니다.《이재명 망언집: 이재명의 138가지 그림자》. 173쪽에 걸쳐 '이재명의 망언'을 138색으로 수록했더군요. 국민의힘 홈페이지에 들어가면 홍보자료실에 PDF 파일로 갈무리해놔서 클릭만 하면 바로 볼 수 있습니다. 고맙게도 퍼다 나르기 좋게 저장, 전달, 복사도 가능해요. 무단 전재나 복제 금지 같은 것도 없고요. 그래서 위에 예시한 '망언'도 거기서 퍼온 거예요. 세심한 배려 감사해요.

그런데 문득 궁금해졌습니다. 여기 '이재명 망언' 저작권은 누구한테 있을까요? 이재명? 아니면 국민의힘 원내대표실? 그런데 판권을 보니까 '엮은이'가 아니고 '저자' 국민의힘원내대표실로 되어 있군요. 이거 허위사실 아닌가요? 아니면 국민의힘 원내대표실이 없는 말을 지이시 이재명이 했다고 한 건가요? 그렇다면 이건 더 큰 문제가 되겠군요.

이 문제는 나중에 더 따져보기로 하고, 누리꾼의 독후감 하나를 소개하는 것으로 '망언집' 얘기는 그칠까 합니다.

"처음엔 웃으면서 봤는데 보다보니 뭔가 섬뜩한 느낌이 들더군요. 내용이 아니라 '누가 말했나'만으로 판단할 정도로 정신이 개조된 집단이 존재한다는 거잖아요?" [2]

이 정도면 거의 이재명 스토커들 아닌가요? 자기들 할 일 열심히 해서 인정받으면 될 텐데 왜 이토록 이재명한테 집착해서 괴롭히는 짓을 일 삼을까요? 이재명이 두려워서 그러는 걸까요? 그렇다면 왜 두려운 걸까요? 이 책을 쓰다 보니 하나는 알겠더군요, 그 이유를.

"방을 옮깁시다. 가장 낮은 곳으로."

바로 이 한마디에 이재명의 공직자로서의 마음가짐과 면모가 다 들었습니다. 흔들리지 않는 원칙. 저들이 두려워하는 면모이기도 하고요. 자기들은 죽었다 깨도 갖지 못한 바를 이재명은 갖고 있거든요. 가장 낮은 데에 몸을 두고 시민을, 국민을 섬기는 정치.

이재명이 2010년에 첫 공직으로 성남시장에 취임하고 보니, 시장실이 시내가 한눈에 내려다보이는 시청 제일 꼭대기 9층에 있는데 운동장만큼이나 넓은 거예요. 그래서 취임하고 제일 먼저 한 일이 시장실을 업무 층으로는 가장 낮은 2층으로 내린 겁니다. 넓이도 반의반으로 줄여서요. 그래서 뭐, 시장실이 제1민원실이 되고 만 거죠. 이재명은 그걸 좋아했어

---

2 https://www.clien.net/service/board/park/18937421(붕어빵아헤엄쳐라님)

요. 바빠서 민원인 찾아다닐 시간도 없는데, 마침 직접 찾아들와 주시니 고맙다고요.

이재명의 다음 말을 보면, 알 수 있을 겁니다. 왜 지금 대한민국에 이재명이 꼭 필요한지 말입니다.

사랑하는 국민 여러분, 이재명을 찾기 위해서 저 높은 곳을 쳐다보지 마십시오. 거기에는 이재명이 없습니다. 이재명은 바로 여러분들의 옆에 있기 때문입니다. 정치인은 높은 자리에서 국민을 지배하는 것이 아니라 그저 국민에게 고용되어서 국민이 맡긴 권한으로 국민을 위해 일할 의무를 진 국민의 공복, 즉 머슴이기 때문입니다, 여러분!

이 책이 나오기까지 관여하고 도움을 주신 분들에게 감사합니다. 독자 여러분에게도 감사히며, 권합니다.

"나를 위해 이재명!"

임종성 씀

차 례

서문 저들은 이재명을 왜 이토록 두려워할까요 **004**

프롤로그 이재명의 실력이면 '트럼프 쓰나미'를 상대할 수 있다 **014**

01 | 밟혀도 밟혀도 끝내 일어서는 풀처럼
이재명의 출발

산촌의 가난에 갇힌 유년의 비애 **029**

아찔한 비탈에 선 소년공의 하루살이 **036**

군사 독재 시대, 인식의 전환과 부채의식 **062**

상식을 변호하는 '우리 변호사' **074**

"안 되면 우리가 합시다!" **093**

02 | 누가 왜 이재명을 두려워하는가?
이재명의 전쟁

왜 민주주의는 이재명 앞에서 멈추나?	101
도둑놈들 장물을 찾아와 성남을 살린 게 죈가	109
가족의 불행까지 이용하는 정치는 무엇을 위한 것일까?	116
집단지성의 힘으로 거둔 더 높은 승리	125

03 | 좋은 말이 좋은 정치를 낳는다
이재명의 말

서로 알아듣는 말로 하는 정치가 민주주의다	137
진실한 말에는 절박한 삶이 녹아 있다	145
책임 있는 말은 반드시 실천을 담보한다	151
거짓 프레임은 놔두면 사실이 되고 만다	159

04 | 당장 할 수 있는 일부터 한다
이재명의 정책

이재명과 만나면 살아난다	167
돈이 없는 게 아니라 허투루 쓰이는 게 문제다	174
선별복지는 가난한 사람을 거지 취급한다	179
좋은 정책은 좋은 공부에서 나온다	187

05 | 민생을 돌보지 않는 정치는 가짜다
이재명의 실용

실용 정치가 곧 민생 정치다	205
이재명의 실용은 휴머니즘이다	212

06 무엇보다 먼저 상식으로 돌아가는 일
이재명의 혁신

모든 혁신은 상식의 회복에서 출발한다	229
혁신은 시작했다면 이미 된 것이다	235
미국에 샌더스가 있다면 한국에는 이재명이 있다	240
찰떡같은 말을 개떡 같이 알아듣는 저들을 어찌할까?	249
세월만 보내던 혁신, 이재명이 하니까 바로 되네!	258

07 오늘도 등대에 불을 켜는 사람
이재명의 비전

정치인은 등대가 아니라 등대에 불을 켜는 사람이디	269
기본사회 구현, 더 나은 세상의 문을 여는 첫걸음	293

에필로그	이재명의 인간학으로서 정치	297
참고문헌		300

프롤로그

이재명의 실력이면
'트럼프 쓰나미'를 상대할 수 있다

〽

더 강력한 권력으로 트럼프가 돌아왔다.

트럼프의 귀환은 미국 민주주의는 물론 미약하게나마 약육강식의 야만을 제어해온 국제 질서에는 끔찍한 재앙이다. 최소한의 보호 장치마저 무력화된 국제 질서에서 내밀 카드라도 있는 나라는 말이나마 하고 숨이나마 쉬지만, 우크라이나를 보라, 빈손으로 사면초가에 몰린 나라는 주먹이 법인 뒷골목 세계에서 난폭한 두목한테 멱살 잡힌 똘마니 다름없는 신세가 되었다.

트럼프는 미국 대통령이 되었지만, 그 권력만 취하고 거추장스러운 격식이나 의무는 팽개쳐버린 채 정치마저 거래로만 취급하는, 여전히 장사꾼이다. **국제 사회는 세계에서 가장**

큰 권력을 쥔 안하무인의 장사꾼을 상대해야 하는 복잡하고 벅찬 현실에 직면해 있다. 그런데 이런 트럼프를 상대해볼 수 있는 해답의 실마리는 의외로 단순할 수도 있다.

2025년 1월 20일 정오(현지시각), 트럼프는 제45대에 이어 제47대 미국 대통령에 취임했다. 워싱턴에 한파가 몰아닥쳐 취임식은 800여 명만 입장할 수 있는 연방의회 로텐더홀에서 거행되었다. 초대장은 800여 장뿐이라는 뜻이다. 그 대신 워싱턴DC 스포츠 아레나에서 대형 화면으로 중계되는 취임식 시청 입장권은 22만 장이다.

이리저리 연줄을 타고 '입장권'이나마 구한 전광훈, 홍준표, 나경원, 윤상현, 인요한 등 20여 명이 트럼프로부터 '초청장'을 받았다며 우르르 몰려갔다. 명분은 거창했다. "한미동맹을 강화하겠나!" 아뿔싸! 나경원은 "미국 정치권에 탄핵의 실상을 상세하게 알리기 위해" 갔다!

이런 행태가 미국 조야에서 조롱거리가 되었다. 호텔 방에서 TV로 취임식을 시청했다고 자백한 홍준표는 한국에서 봐도 될 TV를 왜 굳이 그 머나먼 미국까지 가서 봤을까? 홍준표가 아니라 이재명이 그랬다면 어떤 일이 벌어졌을까?

검찰이 즉시 대구시청을 압수 수색하여 미국행 경비를 공금으로 썼는지부터 확인해 입건했을 것이다. 우익 언론은 벌떼처럼 달려들어 공금을 유용하고 국격을 떨어뜨렸다며 당장 사퇴하라고 으름장을 놓았을 것이다.

"국민의힘 소속 의원들이 미국 대통령에게 국내 위기에 개입해달라고 요청했다"

진짜 문제는 이런 게 아니다. 나경원의 미국행 명분 대목에서 왜 '아뿔싸!' 했는지 이미 눈치챈 사람도 있을 것이다. 왜 이 대목에서 일제에 나라를 팔아먹은 을사오적이 떠오를까. 나만 그런 걸까.

2025년 2월 3일(현지시각), 미국 외교 전문지 〈포린폴리시〉는 다음과 같은 요지의 글을 게재했다.

"국민의힘 소속 의원들이 지난달 트럼프 취임식에 참석해 귀환한 미국 대통령에게 국내 위기에 개입해달라고 요청했다. 트럼프 정부와의 미약한 유대감을 자랑하는 의원들이 워싱턴으로 향한 것이다. 보수 정치인들은 윤 대통령의 (계엄령이라는) 권위주의적 도박을 중국의 간섭에 맞서고 미국과의 동맹을 강화하기 위한 움직임으로 왜곡하고 있다. 윤 대통령의 추종자들은 트럼프가 부정선거 주장을 어떻게든 조사해 윤 대통령을 구출할 것이라는 희망에 매달려 있다. 그러나 분명히 말하지만, 미국 대통령은 한국 민주주의를 뒤엎을 권한이 없다. 국민의힘의 절박한 외침에도 트럼프는 윤 전 대통령을 구할 생각이 없는 것으로 보인다."

한마디로 한국의 여당 국회의원들이 우르르 몰려가 제발 우리 내정에 개입해달라고 구걸했지만, 트럼프는 권한도 관심도 없다는 말이다.

"민주적 가치에 대한 무관심, 자유주의적 국제주의에 대한 격노로 인해 트럼프는 한국 내 사태에 전혀 관여하지 않을 것이고 특히 정치적 패배자에 대한 혐오 때문에라도 정치적 정당성을 부여받은 한국의 새 정부와 거래하려 시간을 낼 가능성이 더 크다."

〈포린폴리시〉는 "트럼프의 성향으로 보아 이재명 더불어민주당 대표와 궁합이 너 좋을 수 있다"고 분석하고 이재명 대표를 "트럼프의 변덕스러운 외교술을 헤쳐나갈 수 있는 적응력 강한 리더"라고 소개하면서 "정치적 가치가 극명하게 다른 현실주의자들이 대립하다 뜻밖의 파트너십을 구축할 수 있다"는 견해를 내놓았다. 또 더불어민주당에 대해서는 "민주화 운동에 뿌리를 두고 미국 패권에 더 독립적이고 북한에 덜 매파적이며 중국과의 전략적 협력에도 열려 있다"고 소개했다. 이재명은 이러한 유산을 존중하면서도 당파적 교리보다는 국익을 우선시하는 트럼프에 가까운 실용주의자로 자신을 선전하고 있어, 윤석열의 선동적 외교와 극명하게 대비된다는 것이다.[3]

민감국가 지정 책임을
문재인 정부로 전가하는 뻔뻔함까지 보였다

　미국 에너지부(DOE)가 한국을 '민감국가'로 지정했다. 이번 조치가 시행되면 한국 연구자들은 미국의 국립연구소 접근 시 추가 심사 등 까다로운 절차를 거쳐야 하며, 원자력과 AI 등 한미 과학기술 협력에 상당한 제약이 따를 것이다. 미국은 공식적으로 이유를 밝히지 않았지만, 한국의 대통령을 비롯한 우익 세력 내에서 핵무장 목소리를 높여온 상황과 깊이 연관된 것으로 보인다.
　이는 윤석열과 그를 추종하는 무리가 핵무장 운운할 때 이미 예견된 참사였다. 그들은 명색이 국정 운영자이면서 "핵무기를 향한 잠재적 핵 능력을 보유하겠다는 주장을 버리고 잠재적 핵 능력을 염두에 두지 않을 때, 역설적으로 잠재적 핵

---

3 통일뉴스(http://www.tongilnews.com)

능력을 확보할 수 있다"는 외교 전략의 오래된 격언도 모르는 멍청이들이다. 그러고도 민감국가 지정 책임을 문재인 정부로 전가하는 뻔뻔함까지 보였다. 저들은 전 정부나 이재명 아니었으면 그 많은 무능과 실정을 떠넘길 데가 없어 어찌 숨을 쉬고 살았을까 싶다.

누가 영향력을 행사하고 미래를 규정하는가

2016년 〈뉴욕 매거진〉의 표지 디자인을 의뢰받은, 미국의 현대 예술가 바바라 크루거는 도널드 트럼프(당시 공화당 대통령 후보자)의 얼굴에 대문자 'LOSER'(실패자)라는 단어를 집어넣었다. 트럼프가 상대방을 모욕하거나 비판하기 위해 사용하던 언어의 역설적인 차용이다. 크루거의 예술적 실천은 단순히 트럼프에 대한 개인적인 공격이 아니라 그의 가치관·행동 그리고 선거 캠페인을 둘러싼 미디어 스펙터클에 대한 광범위한 비판이었다. 미디어의 허구와 권력 구조를 비판해온 그로서는 미래에 관한 이야기는 단지 '누가 꿈꾸는지'가 아니라 '누가 미래를 정의하는지'에 관한 것이다.

트럼프의 귀환과 퇴행하는 국제 정세 그리고 계엄 사태 이후 폭력이 공공연히 정당화되는 우리 사회의 기괴한 혼란에 혼이 나간 채 우리의 미래가 어디로 향할 것인지 묻게 된다.

"미래는 그것을 볼 수 있는 사람들의 것이다."

이 메시지는 단순한 이미지의 차용이나 인용구를 넘어선다. **우리에게 미래는 열렸지만, 그것이 어떤 모습을 띠게 될지는 참여자들의 태도에 따라 결정된다. 미래를 형성하는 기제는 통찰력과 비전을 지닌 개인뿐 아니라 누가 영향력을 행사하고 미래를 규정하는가에 더 크게 달렸다.** 미래에 관한 크루거의 시선은 실상 보이지 않는 힘과 권력 간의 관계, 바로 거기까지 나아간 것이다. 이 점은 '우리가 이번 대선에서 어떤 선택을 할 것인가' 하는 질문에 대한 답으로 고려할 필요가 있다.

우리 국민이 앞으로 할부로 갚아나가야 할 빚

지난 1기 트럼프 시대에 이미 국제 질서의 약속들은 무의미해지고 정글 시대가 예고된 가운데 인간성에 대한 일말의 믿음마저 조롱당했다. 트럼프가 사주한 폭도들의 의회 난입이 그것을 분명하게 보여주었다. 트럼프는 폭도들을 애국자로 추켜세웠다. 그런데도 트럼프는 보란 듯이 더욱 강력한 모습으로 다시 돌아왔다. 바로 이런 모습에 국민의힘 국회의원들은 트럼프가 같은 편이라고 생각해서, 군대를 동원하여 국회를 침탈한 '우리 윤석열 대통령'을 '반국가세력'으로부터 구해달라고 달려가서 애걸한 걸까.

박정희나 전두환의 비상계엄령은 끔찍했지만, 윤석열의 비상계엄령은 끔찍함을 넘어 한심하면서도 기괴했다. 박약한 민주주의의 보호막이 허망하게 벗겨지고 오래 곪아온 우리 사회의 상처가 남김없이 드러난 참담함에 짓눌린 가슴이 저렸다. 애써 쌓은 모래성이 한 번의 사나운 파도에 흔적도 없이 쓸려나간 느낌이었다. 외국인 투자금이 썰물처럼 빠져나가고 얼만지도 모를 경제적 손실이 지금도 매일 적립되고 있다. 이재명이 탄식한 대로 우리 국민이 앞으로 할부로 갚아나가야 할 빚이다.

트럼프는 허점이 많아
이재명에게는 별로 어렵지 않은 상대일 수 있다

트럼프와 윤석열은 (트럼프의 태도로 보아) 같은 편은 아니지만, 닮은 구석은 꽤 있다. 우선은 안하무인이라는 것이다. 같은 편이 아니라고 여기면 상대방을 존중하지 않는다. 둘째는 지독한 확증 편향과 인지 부조화에 빠졌다는 것이다. 셋째는 공직자로서 윤리 개념이 거의 제로라는 것이다. 도무지 그런 건 신경 쓰지 않는다. 거기에 더해 자기 자신한테는 한없이 관대하거나 자기가 뭘 잘못했는지 모른다는 것이다. 아니면 모른 척하든지. 넷째는 '대통령의 직위와 권한을 패밀리 비즈니스에 한껏 활용해도 문제없다'는 인식을 지녔다는 점에서 닮았다.

그런데 둘 사이에는 결정적으로 다른 점이 있다. 윤석열은 어떤 식으로도 대화가 불가능한 인간이지만, 트럼프는 협상을 거래 개념으로 바꿔 들어가면 의외로 쉽게 말이 통할 수 있다는 점이다. 또 윤석열은 주어진 권력으로 뭘 이루겠다는 꿈 같은 게 없이 그저 권력 자체에 집착하는 술주정뱅이일 뿐이다. 트럼프는 좀 다르다. 그는 평판이나 명예에 대한 허영심이 대단하다. 가령, 노벨평화상에 진심이어서 이걸 받을 수만 있다면 엄청난 거래도 어처구니 없도록 손쉽게 할 수 있다는 얘기다.

그러므로 트럼프에게는 같은 편이라는 인식을 심어줄 필요가 있다. 또 정치 협상의 문법보다는 상거래 협상의 문법으로 상대할 필요가 있다. 트럼프가 의도한 것인지는 확실치 않지만, 상대방에게 뭘 요구할 때 그 근거가 되는 데이터를 크게 왜곡하거나 과장하는 버릇이 있다. 그걸 바로잡아 주는 것도 필요하지만, 그것만으로는 통하지 않는다. 현재의 거래 상황에서 그쪽이 무엇을 얼마나 이익을 보고 있는지를 찾아내서 보여주어야 한다. 그리하여 지금의 거래를 깨면 그쪽이 얼마나 손해인지를 인식시킨다. 그리고 트럼프의 허영심을 가득 채워주는, 그러니까 체면을 세워주는 전략이 필요하다.

이런 트럼프라면, 누구라도 상대하기 벅찰 것이다. 그러나 이재명의 실력이라면 충분히 해볼 수 있을 것이다. 어쩌면 트럼프는 허점이 많은 스타일이어서 이재명에게는 별로 어렵지 않은 상대일 수 있다. 이재명은 상대의 허점을 포착하여 상황을 뒤집는 데는 일가견이 있기 때문이다.

이미 그런 트럼프의 성향과 관심을 간파한 이재명은 서로 윈-윈 할 수 있는 소재를 찾아 최근 트럼프 맞춤 행보를 보이고 있다.

하나는 해군력 유지와 증강에 절대 필요한 미국의 조선업 재건에 트럼프가 각별한 관심을 쏟고 있다. 트럼프는 자국 산업 보호를 목적으로 미국에 생산시설을 늘리는 정책을 펴고 있지만, 조선업은 단기간에 그렇게 될 일이 아니라는 걸 알고 '미국산' 의무에 대한 예외를 적용, 한미 조선업계 협력이 확대될 것으로 보인다. 우리가 대중국 견제를 위한 미 해군력 재건에 도움을 준다면 앞으로 30년간 1조 달러 규모의 시장에서 기회를 잡을 수 있다.

이런 상황을 주시한 이재명은 "중국의 시장지배력 강화로 조선업이 큰 위기이지만, '영원한 적도 우방도 없다'는 트

럼프 정부의 통상 파고 속에서도 조선업 분야에선 한미 협력의 분위기가 무르익고 있다"며 능동적인 대응책을 고심하고 있다. 이어 '북극항로 개발' 역시 트럼프와 관심이 겹치는 사항이다.

미·중 갈등 국면 속 한·중 관계는 균형을 찾는 문제

최근 이재명은 〈워싱턴포스트〉와의 인터뷰에서 자신의 대외 정책 기조를 털어놓았다.

"도널드 트럼프 미국 대통령의 북미 대화 재개 노력을 지지하겠다. 북미 대화에서 분명한 돌파구가 마련되면 트럼프 대통령을 노벨평화상 후보로 추천하는 것도 고려하겠다. 미중 갈등 국면 속 한중 관계는 균형을 찾는 문제다. 미국은 중국에 대해 일방적으로 적대적이거나 협력적인 행동을 취하지 않는다. 한국 역시 최대 교역국인 중국에 대해 이와 같은 접근 방식을 적용해야 한다."

이런 입장이 트럼프 행정부와의 대립각을 세울 가능성이 있다는 워싱턴포스트의 우려에 대해서는 상식적인 논리로 해명했다.

"한국이 미국과의 안보 동맹을 강화하고, 미국과 일본

모두와 협력하는 것이 여전히 중요하다. 미국은 (한국에 민주당 정부가 들어서더라도) 한미 동맹에 대해 지나치게 혹은 불필요하게 걱정할 필요는 없다. 민주당이 한미 관계를 망쳐서 뭘 얻을 수 있겠는가? 중국 편에만 서서 얻을 수 있는 것보다 미국과의 관계 악화로 잃는 것이 더 많을 것이다."

이재명은 〈워싱턴포스트〉와의 인터뷰를 통해 트럼프에게 메시지를 전한 것이다. 미국과의 동맹과 우호 협력이 우선이지만, 먹고살아야 하니 중국도 적대할 수 없다는. 그래서 "미중 갈등 국면 속 한중 관계는 균형을 찾는 문제"라고 짚으며, 그것은 미국이 중국에 대해 일방적으로 적대적이거나 협력적인 행동을 취하지 않는 것과 같다는 논리를 들어 설득한다.

윤석열 탄핵소추 이후 예견된 대통령 선거를 앞두고 다들 이재명 욕이나 하고 앉아 있을 때 이재명은 트럼프 2.0 시대에 대응하기 위해 고군분투해 오고 있다. 이제 누구를 비난히고 음해하는 것으로 지지율을 높이거나 표를 얻으려는 치졸하고도 비생산적인 작태는 그만둘 때도 되지 않았을까.

01

밟혀도 밟혀도 끝내 일어서는 풀처럼

이재명의 출발

이재명의 정치참여 선언 일성은 거창하지도 화려하지도 장엄하지도 않았다. 그가 살아온 인생과 그가 사유해온 상식이 응축된, 소박하지만 절박한 소망이었다. "안 되면 우리가 합시다."

산촌의 가난에 갇힌 유년의 비애

경북 안동 화전민촌 벽돌집 1963~1975

〽️

가난이 무슨 죄라고
선생님들은 어린 것들을 모질게도 체벌했다

이재명이 태어나 자란 집은 경북 안동 산촌의 두 칸짜리 벽돌집이다. 화전민들이 살던 곳에 바람구멍이 숭숭 난 블록 벽돌집들이 마을을 이뤘는데, 재명의 집은 그나마도 셋집이었다. 일곱 남매기 그 집에서 복작대며 자랐다. 원래는 위로 형이 셋, 누나가 셋, 밑으로 남동생이 하나, 여동생이 하나로 아홉 남매였는데, 누나 둘이 어려서 세상을 떠났다.

아버지는 산을 개간하여 일군 밭에 약초와 같은 특용작물을 길렀지만, 별 돈벌이가 되진 못했다. 집안을 돌보기보다는 동네 사람들 일을 봐주느라 늘 바쁘던 아버지는 급기야 산전마저 팔아먹고는 자리 잡으면 기별한다며 맏아들 재국이와 맏딸 재순이를 데리고 서울 어디로 떠나버렸다. 재명이 초등학교 3학년 때였다. 어머니는 이후로 혼자서 남의 집 밭일을 하고 술을 빚어 팔거나 점방을 차려 다섯 아이를 키웠다.

마을에서 초등학교까지는 시오리나 떨어져 오가는 데 네 시간이 걸렸다. 학교가 멀어서 결석이 잦고, 가난해서 학습 준비물을 가져갈 수 없어서 화장실 청소나 매로 때웠다. 가난이 무슨 죄라고 선생님들은 어린 것들을 모질게도 체벌했다.

게다가 철 따라 가져오라는 것도 숱했다. 여름이면 퇴비 해와라, 가을이면 벼 이삭 주워와라, 잔디 씨 모아와라…. 이삭을 주워올 논밭이 없어 집 곡식을 퍼가야 하는데 아예 말조차 꺼내지 못한 이재명은 번번이 매로 때웠다.

"겨울이면 보리 왕겨 개떡으로 겨우 연명하는 산촌의 아이들에게 벼 이삭을 모아오라는 학교의 처사"를 어린아이들이 이해할 리 만무했다. 매가 무서우니 그저 죽으라면 죽는 시늉이라도 해야 할 판이었다. 유신 독재의 병영국가가 어린아이들마저도 이토록 모질게 닦아세웠다.

어느 날은, 집안일을 돕느라 방과 후 꽃 심기 미화 작업을 빼먹은 재명은 담임 선생님한테 얼굴이 퉁퉁 부어오르도록 뺨을 맞았다. 같은 반인 팔촌 이재완이 눈물을 글썽이면서 스물일곱 대라고 알려줬다.

그래도 이 정도는 시간이 지나면 잊어먹을 수 있는데, 같은 반 친구끼리 서로 뺨을 치게 한 체벌은 평생 상처로 남았다. 게다가 재명은 하필 그 상대가 팔촌이었다. 이재명은 2021년의 인터뷰에서 이 순간을 회상하면서 목매어 말끝을 흐렸다.

"어떻게 팔촌인 친구의 뺨을 때리겠어요. 처음엔 마지못해 살살 때리죠. 하지만 선생님이 몽둥이로 등을 후려치면서 세게 때리라고 다그치면 어쩔 수 없이 서로 조금씩 더 세게 때리게 돼요. 그러다 나중에는 서로 감정이 격양돼서 힘껏 때리게 되는 거예요. 어느 순간부터는 둘 다 눈물을 흘리면서 서로의 뺨을 죽일 듯이 후려치는 거예요. 그건 정말 나빴어요."[4]

가난하다는 이유로, 명색이 학교 선생님들이 어린아이들에게 이런 치욕을 안겼다. 이 시절의 교육은 거의 이런 식이었다. 일제강점기의 식민통치 방식이 해방 후에도 그대로 이어진 것이다. 인적 청산이 되지 않으니 교육 방식도 해방 전이나 다를 게 없었다.

교장 선생님 같은 훌륭한 선생님이 되고 싶었다

그렇다고 초등학교 시절이 다 서럽고 분하기만 하지는

---

[4] 김민정·김현정, 《인간 이재명》, 아시아, 2021.

않았다. 책 읽기에 재미를 붙여 심란한 현실을 잠깐씩 잊기도 하고, 좋은 친구들과 어울려 즐겁게 놀기도 했다. 또 다행히 매질하는 선생님만 만난 게 아니라 진정으로 아끼고 보살펴준 선생님들을 만나 행복한 순간도 있었다.

학교 교무실 옆에 도서실이 있어서 재명은 당시 어린이 명작 도서에 푹 빠져 살았다. 그때 도서실 사서 노릇을 하던 같은 반 친구 김재학의 도움으로 미처 다 읽지 못한 책을 빌려 갈 수 있었다. 50년 세월이 흘렀지만, 이재명은 그 고마움을 아직도 잊지 못한다.

당시 가난한 집 아이들은 대개 육성회비도 내지 못해 공개적으로 닦달을 당했다. 그러니 5학년 때 가는 수학여행은 언감생심이었다. 재명이라고 다를 게 없었지만, 5학년 담임 선생님과 교장 선생님 덕분에 수학여행을 가게 되었다.

재명은 수학여행 동의서를 부모님께 보여주지도 못하고 혼자 알아서 가위표를 쳐서 냈다. 그러자 집까지 찾아온 담임 선생님은 어머니를 만나 비용은 학교에서 알아서 하기로 하고 새로 동의서를 받아갔다. 무슨 수를 쓰든 아이들을 한 명도 빠짐없이 수학여행에 데려가자는 교장 선생님 방침에 따른 것이다.

교장 선생님은 학교 매점을 학생 자치로 운영하게 하여 남은 이문을 적립해놓고 어려운 학생들을 위해 쓰도록 했다.

여기에다 특별히 수행여행비를 못 낸 학생들에게 학교 밭에서 돌을 골라내는 아르바이트를 며칠 제공하여 일당을 300원쯤 쳐주었다. 당시 어른 일당이 600원이었다. 매점 운영 이문 일부에다 아르바이트 일당을 합해 다들 수학여행비 1,300원을 냈다. 스스로 벌어서 비용을 내고 가는 수학여행이라 모두 당당하게 떠날 수 있었다. 교장 선생님은 가난한 아이들에게 수학여행을 선물하면서 그 마음도 헤아린 것이다.

참 좋은 어른이다. 나중에 이재명이 성남시장과 경기지사가 되어 일하는 방식을 보면 이 시절의 교장 선생님 향기가 난다. 재명은 교장 선생님 같은 훌륭한 선생님이 되고 싶었다. 난생처음으로 꾸게 된 꿈이다.

계획한 일을 착오 없이 척척 해낸 것도
일찍이 해본 솜씨였다

재명이 경주로 수학여행을 다녀온 무렵에 서울의 아버지한테 기별이 왔다. 그해 겨울 둘째 형 재영이 먼저 아버지한테 가기로 했다. 재영은 떠나기 전에 저금통을 털어 동생들한테 병아리 50마리를 사주고, 겨울에 얼어 죽지 않도록 방구들을 깐 닭장까지 지어주었다. 자기는 초등학교밖에 안 나왔지만,

병아리를 잘 키워 동생들은 다 중학교에 가기를 바라는 마음이었다. 남매 중 유일하게 중학교에 다니던 셋째 형 재선은 공부 아닌 일에는 관심이 없어서 재명이를 책임지고 두 동생과 병아리를 맡아 키우기로 했다.

그러나 며칠 만에 병아리가 모두 죽고 말았다. 남매들이 서로 모르고 번갈아 가며 구들에 불을 때는 바람에 닭장이 너무 뜨거워진 것이다. 책임지고 잘 키우겠다며 큰소리친 재명은 면목이 없어 밥도 잘 먹지 못하고 풀 죽어 지냈다. 그런 동생이 안쓰러웠는지 재영은 서울 가서 쓸 비상금을 헐어 다시 병아리를 사주었다. 이번엔 실수 없이 잘 키우겠다던 재명은 그 약속을 지켰다.

주먹구구식이 실패의 원인이라고 생각한 재명은 치밀하게 계획을 짰다. 날씨에 따라 춥지도 덥지도 않도록 땔감 갯수를 미리 정하고, 병아리가 커감에 따라 먹이 양도 적당하게 조절했다. 또 생육 상황을 밤낮으로 살펴 기록하고, 혹 비실거리는 병아리가 있으면 즉시 원인을 찾아 적절하게 처방하여 기력을 살려놓았다.

서울로 올라간 재영이 여섯 달쯤 후에 내려와 보고는 동생 재명의 일솜씨에 감탄해 마지않았다. 이재영은 2021년 인터뷰에서 그 일을 회상했다.

"내가 성남 아버지한테 와 있다가 도촌에 들렀는데, 병아리들이 한 마리도 축나지 않고 다 자라서 알을 낳고 있었어요. 재명이가 일을 마구 벌이고 저지르는 것 같지만 절대 그렇지 않아요. 뭐든지 할 때는 철저하게 준비하고 빈틈이 없다는 걸 나는 누구보다 잘 알지요. 같은 실수를 되풀이하는 걸 본 적이 없어요. 옳지 않거나 안 될 성싶은 일은 아예 처음부터 안 하는 성격이에요. 내가 동생을 왜 모르겠어요. 20년을 한 방에서 데리고 살았는데요."[5]

 그러니까 나중에 성남시장이 되고 경기도지사가 되어서 계획한 일을 착오 없이 척척 해낸 것도 일찍이 해본 솜씨였다.

---

[5] 김민정·김현정, 《인간 이재명》, 아시아, 2021.

아찔한 비탈에 선 소년공의 하루살이
경기 성남 상대원 공단 1976~1981

달라진 건 아무것도 없었다

　1976년 2월, 아버지는 재명이 초등학교를 졸업하자 남은 식구를 다 성남으로 불러올렸다. 셋째 형 재선은 그해 중학교를 졸업했다. 비 내리는 저녁 안동역에서 중앙선 열차를 탄 가족의 짐은 단출했다. 어머니가 머리에 인 옷 보퉁이 하나, 각자 손에 들린 짐 하나씩이 다였다. 재선은 책가방을 들고, 재명은 철제 군용 탄통을 들었다. 탄통에는 자전거 수리 도구가 잔뜩 들었다. 재명은 일찍이 자전거 수리에 재미를 붙여서 형의 자전거도 곧잘 고쳐주곤 했다. 앞으로 학교 갈 일이 없으니 가방은 필요 없었다.
　일행은 새벽 청량리역에 내려 버스로 갈아타고 아버지가 사는 곳으로 갔다. 진눈깨비에 진창이 된 비탈길을 따라 끝없이 올라갔다. 재명은 아버지한테 서울 어디라고 들었는데 가서 보니 서울 밑 성남 달동네다. 가파른 비탈길 꼭대기에 지어진 ㄷ자 집 한쪽 두 칸짜리 월셋방이 재명이네 아홉 식구가 살 곳이었다.

재명은 아버지를 원망하거나 불평할 새도 없이 시키는 대로 공장에 취직했다. 만 열두 살의 소년 노동자가 되었다.

재명은 연탄가스와 납 연기가 자욱한 공장에서 납땜하는 일을 했다. 수은과 카드뮴 냄새까지 뒤섞여 숨쉬기조차 힘겨운 작업장은 그야말로 불지옥이었다. 염산이 엎질러져 다리에 튀는 아찔한 순간 같은 건 일상이었다. 목숨을 갉아먹는 위험을 무릅쓰고 일해 받는 월급이 3,000원. 당시 쌀 한 가마니가 3만 5,000원이니 1원도 안 쓰고 일 년을 꼬박 일해야 겨우 쌀 한 가마니 값 버는 거였다. 재명이 다닌 공장만 그런 게 아니라 전국의 공장이 별 다를 바 없었다. 한국경제의 산업화와 비약적인 성장은 그렇게 노동자의 고혈을 짜내 이뤄졌다.

근로기준법이 있었지만, 종이쪽지에 불과했을뿐더러 그 법을 들먹이면 오히려 빨갱이로 몰려 고통을 당해야 했다. **1970년 11월, 청계천 노동자 전태일은 다른 건 놔두고라도 근로기준법이나마 지키라며 몸을 불살라 항의했다.** 소년 재명이 공장에 취직한 때는 그로부터 6년이 지났지만, 달라진 건 아무것도 없었다. '수출산업 역군'이라는 허울 아래 실상은 개돼지 취급을 받으며 무한 착취를 당했다. 자본가는 국가의 비호 아래 노동자의 몫을 착취하여 빠르게 배를 불렸고, 더 수단 좋은 축은 권력과 유착하여 대기업이 되고 재벌이 되었다.

노동자의 목숨값보다 기곗값이 우선인 시대였다

재명의 어머니는 시장통 유료 화장실 청소와 수금을 맡아 일하고 휴지도 팔았다. 회장실 이용료를 받아야 했으니 누가 교대해주지 않으면 잠깐 자리 비울 새도 없어서 점심을 화장실에서 먹어야 했다.

재명은 월급을 세 배나 더 많이 준다는 공장으로 옮겨 20리 길을 오가며 밤 9시, 심지어는 12시까지 일했다. 점심도 저녁도 주지 않아서 도시락을 싸가 점심을 때우고 저녁은 건너뛰었다. 회사는 월급을 석 달이나 미루더니 결국 공장 문을 잠그고 야반도주를 했다. 노동자들은 이런 일을 당하고도 사실상 구제받을 길이 없었다. 노동청이 있었지만, 박정희 정권의 노동청은 노동자를 위한 정부가 아니었다.

아버지가 세 번째로 데려간 데는 콘덴서용 고무 기판을

만드는 공장으로 규모가 제법 컸다. 그런데 재명은 취업 연령이 미달이라서 동네 앞집 형 이름을 빌려서 취직해야만 했다. 만 16세가 될 때까지는 계속 그래야 할 판이었다. 연마반에 배치된 재명은 작업장 가득 날리는 시커먼 고무 가루를 종일 마셨다. 퇴근해 나올 때면 온 얼굴뿐 아니라 따끔거리는 목으로 뱉어내는 가래침이 새카맸다.

이런 가운데서도 재명은 장난꾸러기로 밝은 표정을 잃지 않았다. 어머니한테 애교 부리는 것도 여전했다. 이런 사정을 지난 2021년 이재영이 인터뷰에서 밝혔다.

"재명이는 성남에 와서도 여전히 대문에서부터 '엄마', 하고 달려와 꼭 한 번씩 어머니 품에 안겼지요. 다른 형제들은 집에 와서 그저 고개만 꾸벅하고 마는데 재명인 그렇게 살가우니까 어머니도 유난히 살갑게 대했어요. 장난도 잘 치고 밝은 아이였어요. 아버지가 재명이 출생 신고를 늦게 했는데, 대추나무에 매달려 맴맴 하는 걸 보고 '밝을 명'자를 써서 재명이라고 이름을 올린 거예요. 이름 그대로 웬만해선 기죽지 않고 늘 밝아서 주위의 사랑을 많이 받고 자랐는데, 별명이 '무던이'였어요."[6]

---

6 김민정·김현정, 《인간 이재명》, 아시아, 2021.

얼마나 무던한 아이였으면 별명이 '무던이'였을까? 천성이 무던한 이재명. 그런데 정적이나 보수 언론은 그에게 '과격한 사람' 프레임을 씌워 줄기차게 공격한다. 그 공격은 상당히 주효해서 이재명, 하면 사람들은 과격하다는 인상부터 떠올린다. 그러나 이재명의 말과 행동과 시선은 상식을 벗어난 적이 없다. 하기야 상식을 저버리는 사람들 눈에는 상식을 지키고자 고군분투하는 이재명이 과격해 보일 수도 있겠다.

고무 공장의 노동은 지독했다. 손바닥이 닳아 피가 나고 손에 지문이 남아나지 않았다. 야근은 밤 10시, 철야는 새벽 2시에 일이 끝났다. 그럴 땐 생라면 한 봉지를 간식으로 주는데 재명은 집에 가서 동생들과 함께 끓여 먹으러 넣어두고 대신 수돗물로 배를 채웠다.

어느 날은 고무 기판과 함께 손가락이 떡이 되는 사고를 당했다. 피와 살과 고무 가루가 뒤범벅되었다. 다행히 뼈는 무사했지만, 고무를 살에서 분리해내지 못한 채 상처를 봉합했다. 재명은 일당 400원을 받기 위해 깁스 상태로 출근했다. 치료 기간에는 출근하지 않아도 급여의 70%를 지급해야 한다는 법이 있다는 사실을 아무도 알려주지 않았다.

손가락을 다쳤을 때 사장은 냅다 재명의 뒤통수를 후려치면서 비싼 기계를 버리게 되었다며 짜증을 냈다. 노동자의 목숨값보다 기곗값이 우선인 시대였다.

부패한 군대나 감옥보다
나을 게 없는 사회였다

　소년 노동자 재명이 가는 공장마다 작업 환경은 상상을 초월할 만큼 열악하고 험악했다. 폭력이 만연하고 비리가 판을 쳤으며 비정했다.

　재명은 빙과류 판매용 냉장고를 만드는 공장에서는 함석 자르는 일을 맡았다. 하루가 멀다하고 손가락이 잘리거나 손목이 날아가는 사고가 터졌다. 재명의 몸도 수시로 베이고 찔리고 만신창이가 되었다. 군기가 빠져서 사고가 난다며 반장이 아침저녁으로 몽둥이질을 해댔다.

　그래도 부모의 품이 기다리는 집이 있고, 점심을 싸가는 재명은 다른 소년공에 비하면 형편이 나은 편이었다. 재명은 어머니가 두 개씩 싸준 도시락을 더 가난한 친구들과 나누며 한창 자랄 나이의 허기를 견뎠다.

　냉동고 공장이 망해서 문을 닫자 아버지는 대양실업 일자리를 구해와 재명에게 내밀었다. 스키 장갑과 야구 글러브를 만드는 이 공장에서 재명은 프레스 반 보조로 일했다. 어깨너머로 작업 공정을 익히고 쉬는 시간이면 몰래 연습했다. 프레스 기술자가 되어야 사람 행세도 하고 월급도 많이 받을 수 있었다. 그렇게 남달리 노력한 덕분으로 기술자가 된 재명은 월급이 1만

8,000원까지 올랐다.

그러던 어느 날, 재명은 왼쪽 손목이 프레스에 눌려 으깨지는 사고를 당했다. 이후로 왼손으로는 짐을 들거나 힘을 줄 수 없었다. 프레스기를 내주고 포장 반으로 밀려났다. 기술자에서 하루아침에 잡부가 되었다. 그렇게 다친 손목은 오래도록 낫지 않았다.

그런 손목을 하고 강제 권투 시합에 동원되었다. 공장 창고 '특설 링'에서는 하루나 이틀 걸러 한 번꼴로 권투 시합이 벌어졌다. 반장과 선임들은 점심 시간이면 "12시에 만나요, 브라보콘~" CM 송으로 권투 시합을 예고했다. 그들에게 선수로 찍힌 소년공들은 글러브를 끼고 나가 주먹다짐을 해야만 했다. 그들은 소년공들에게 싸움을 시키고 자기들이 먹을 브라보콘 내기를 걸게 했다. 재명은 아픈 손으로 권투를 해야만 했다. 어쩌다 이기긴 했지만, 번번이 져서 브라보콘 값까지 뜯겼다. 회사는 이런 폭력의 사슬을 진작 알았지만, 모른 체 묵인했다. 부패한 군대나 감옥보다 나을 게 없는 사회였다.

이처럼 무지막지한 반장이나 선임들도 공장 사무실 직원 홍 대리 앞에서는 고양이 앞의 쥐처럼 굴었다. 재명이 아는 한 공장에서 얻어맞지 않고, 돈 뜯기지 않고, 다치지 않고, 자유롭게 공장 밖으로 나다닐 수 있는 사람은 홍 대리가 유일했다. 재명은 그가 어떻게 대리가 되었는지 사람들에게 지나가는 말투로 물어보았다. 답은 하나, 그가 '고졸'이어서 그렇다는 것이다.

재명은 홍 대리처럼 자유롭게 살고 싶었다. 그래서 속으로 공부를 해야겠다고 다짐했다. 전에 냉동고 공장 다닐 때 야간학교(고등공민학교) 다니는 학생을 봤다. 재명도 그 야간학교에 다니고 싶다고 아버지한테 말했더니 "거긴 3년 다녀봤자 중학 졸업 인정이 안 돼서 따로 검정고시를 치러야 한다"고 했다. "그러니 학교 다닐 생각 말라"고 해서 재명은 혼자 서럽게 울었다.

심정운을 만나 둘도 없는 공부 친구가 되었다

홍 대리처럼 살려면 우선 고등학교부터 나오고 볼 일이었다. 고입 검정고시에 대해 알아보고 학원도 알아보았다. 8월에 있는 시험까지는 석 달의 시간이 있었다. 야간부 수업이 6시이니 5시 30분에는 퇴근해야 했다. 주말에 보충하겠다며 회사에 30분 조기 퇴근을 사정했지만, 여지없이 거절당했다. 그런데 얼마 후 공장의 출퇴근 시간이 일률로 30분씩 당겨졌다. 재명은 '사람이 사람의 도움을 바랄 수 없는 세상이니 이리 하늘이 대신 돕는가' 싶었다. 1978년 4월 말이다.

아버지도 석 달 학원 공부는 마지못해 허락했다. 이미 4월 초에 개강한 학원에 사정해서 학원비 7,000원을 내고 종합반에 등록했다. 당시 재명의 월급이 1만 5,000원이었다. 그때 학원에서 소년공 심정운을 만나 둘도 없는 공부 친구가 되었다.

지난 2021년 인터뷰에서 심정운은 이재명과의 첫 만남을 회상했다.

"학원에서 처음 만난 재명이는 앳된 얼굴에 눈이 초롱초롱했어요. 팔 다친 사실을 남들이 아는 게 싫었는지 여름인데도 반소매 옷을 입지 않았어요. 암기력이 특출해서 학원에서 최고라는 소리를 들었지요. 우리 둘은 죽자고 공부했어요."[7]

시험이 한 달 앞으로 다가오자 재명은 마음이 급했다. 힘든 공장 일을 마치고 파김치가 된 몸으로는 공부에 집중하기가 쉽지 않았다. 이대로는 안 되겠다 싶어 공장 일을 그만두려 하자 아버지는 당장 학원을 집어치우라며 노발대발했다. 그러자 어머니가 아버지를 단호하게 가로막고 나섰다. "학원비도 자기가 벌어서 다니는 애한테 그게 할 소리냐"며 닦아세우자 아버지도 면목이 없었는지 더는 막지 않았다. 어머니 덕분에 재명은 난생처음으로 한 달간 원 없이 공부에만 매달렸다.

---

[7] 김민정·김현정, 《인간 이재명》, 아시아, 2021.

그렇게 시험을 치르고 결과를 기다렸다. 평균 60점 이상에 과락(40점 미만)이 없어야 합격이었다. 영어는 중학 3년 과정을 석 달 벼락치기로 공부하기엔 무리여서 거의 포기하고 다른 과목에 집중한 터라 과락이 걱정되었다. 평균 70.17점에 영어가 45점으로 과락을 겨우 면해 합격 통지를 받았다. 영어는 거의 찍었으니 확률상 25점이 기댓값이지만 45점이나 받았으니 또 하늘이 도운 것이다. '하늘은 스스로 돕는 자를 도운다'더니 그 말이 맞는 성싶다.

비록 높은 점수는 아니지만, 눈물과 땀으로 받아낸 합격 성적표였다. 절박한 의지가 아니면 꿈도 꿀 수 없는 일이었다. 돈으로 싸 바른 강남 고액 과외의 산물인 '대입 명문고' 합격증 따위에 비할 바가 아니었다.

그런데 배울 만큼 배운 성싶은 한 블로거가 이재명의 이 성적증명서를 따서 올리고는 "어렸을 때부터 인성도 빻빻 성적도 빻빻… 진짜 사법고시 어떻게 합격한 건지 모를…"이라고 설명글을 달았다. '빻빻'이 무슨 말인가 싶어 알아봤더니 알곡이 빻여서 가루가 난 것처럼 '형편없다'는 뜻이라 한다. 이재명이 사법고시를 어떻게 합격한 건지 진짜 궁금해서 그 사연을 알아봤다면 사람인 이상 부끄러워서라도 감히 이런 조롱 글을 남길 수는 없었을 테다. **이재명에 대해 알고 싶은 마음은 눈곱만큼도 없으면서 순전히 조롱하고 비난하고**

반대하기 위해 실상은 자랑스러운 일을 수치스러운 일로 둔갑시켜 널리 퍼뜨리는 것이다. 정적이나 보수 언론 대부분이 일삼는 이재명 죽이기가 다 이런 식이다.

_이재명의 고등학교 입학자격 검정고시 합격증

어머니와 형제들은 재명의 합격을 진심으로 축하했다. 아버지는 아들의 성취를 뿌듯해하면서도 공부에 재미를 붙인 아들이 취직 생각은 않고 학원만 드나들자 마뜩잖아했다. 아버지는 새벽마다 상대원 시장 청소를 하러 나가는 길에 재명을 깨워 앞세웠다. 쓰레기더미와 씨름하기 싫은 재명은 공부한다며 그만둔 공장으로 다시 들어갔다. 힘들게 중학 졸업 자격증을 얻었지만, 달라진 건 아무것도 없었다. 다시 원위치였다.

다시 들어간 대양실업에서는 회사 경영진의 묵인 아래 여전히 권투 경기가 열렸고, 폭력은 전보다 더 심해지고 교묘해졌다. 한번은 공장에서 소원 수리를 받았다. 무기명으로 건의사항이나 애로사항을 적어내면 반영하겠다는 것이다. 이 소원 수리가 소원을 들어주기는커녕 또 다른 폭력을 불렀다. 불평을 미리 폭력으로 다스리기 위해 소원 수리를 악용한 것이다. 이는 군대에서 많이 쓰는 수법인데, 당시 사회는 군사독재 치하의 병영국가라서 회사든 학교든 다 군대 문화가 만연했다. 그 군대 문화는 일본 제국주의 군대 문화의 답습으로, 해방되고 한 세대가 지나도록 우리 사회는 일제 잔재의 질곡에 빠져 헤어나지 못했다.

재명은 그때 절실히 느꼈다. 폭력을 가하는 당사자보다 그런 폭력을 묵인하고 조장하는 회사 책임자들이 진짜 나쁜 사람들이라는 걸. 그래도 가해자는 와서 빌기라도 하지만, 그 가해를 묵인하고 부추긴 자들은 문제가 불거지면 힘없는 피해자를 아예 옴짝달싹 못 하도록 더 짓밟는 게 일상이었다.

대양실업을 그만두고 들어간 오리엔트(시계 공장)에서 재명은 공부 친구 심정운과 재회했다. 재명보다 한 살 더 먹은 정운은 제 이름의 명찰을 달았고, 재명은 아직 취업 연령이 안 차 딴 이름의 명찰을 달았다. 권영웅. 삼계초등학교 친구 이름이다.

꼭 대학에 가자고 맹세한 두 소년공은 대입 검정고시 학원에 나란히 등록했다. 당시로선 대기업인 오리엔트도 소년공들의 공부에는 야박하게 굴었다. 설날 하루를 쉬어준다면서 8일간 1시간씩 무급 연장근무를 시켰다. 그 바람에 학원 지각을 하게 된 소년공들은 애가 탔다. 하는 수 없이 조퇴하게 되어 일당이 깎인 데다가 미운털까지 박혔다.

생산부 도금실은 밀폐된 공간이라서 맡은 일만 제대로 하면 눈치 보지 않고 틈틈이 공부 짬을 낼 수 있었다. 독성 화공약품 냄새가 지독해서 다들 회피하는 작업장이지만, 재명과 정운은 공부 욕심에 자원해 들어갔다. 그런 도금실도 반장이나 직장이 불시에 들어오는 바람에 틈틈이나마 공부가 어렵게 되었다. 그래서 재명은 락카실로 자원해 들어갔다. 도금작업의 최종 공정을 진행하는 락카실은 이중으로 밀폐된 데다가 누구도 작업시간에 문을 열 수 없는 데였다. 그제야 누구의 간섭도 받지 않고 틈틈이 공부할 수 있었지만, 혹독한 대가를 치러야 했다. 계속 독성 화공약품에 노출되어 코가 헐고 후각을 잃어갔다.

영수 이상의 것을 가르쳐주신 김창구 선생님

재명의 공부를 여전히 못마땅해하는 아버지는 전기세도 학원비도 아까워했다. 대학을 중퇴하고 결국 공부의 길에서 실패한 아버지는 어중간한 배움에 대한 불신이 신념화되어 있는 성싶었다. 그래서 아들이 섣부른 공부로 인해 더 큰 상처를 받을까 봐 노심초사하지 않았을까 싶다.

영수 단과 학원인 성일학원에 두 달을 다니던 재명은 학원비 낼 돈이 없어 그만 다니겠다고 했다. 그러자 김창구 원장선생님은 돈 내지 않아도 좋으니 다른 걱정은 말고 공부나 잘하라면서 격려했다. 뜻밖의 친절에 울컥한 재명은 원장 선생님이 아버지보다 백배는 낫다고 생각했다. 나중에 알고 보니 재명이 말고도 여럿이 원장 선생님 배려로 무료 수강을 하고 있었다.

이재명은 2021년의 인터뷰에서 고인이 된 김창구 선생님을 그리워하며 눈물을 글썽였다.

"내가 대학에 들어갔을 때 선생님이 정말 기뻐하셨어요. 선생님은 내게 영수 이상의 것을 가르쳐주신 분이었어요. 슬프거나 힘들 때 선생님을 떠올리면 신기하게도 마음이 편해지고 자신감이 솟았어요. 나를 믿어주고 응원하는 사람이 있다는 게 얼마나 든든하고 힘이 되는지 알게 해준 분이에요. 사법고시에 합격하고서 찾아뵙자 저를 안고 우셨어요. 잘될 줄 믿었다고. 장하다고."[8]

대입 검정고시 시험이 두 달 앞으로 다가오자 재명은 마음이 급해졌지만, 몸이 따라주지 않았다. 락카실 근무 이후로 두통이 잦아진 데다가 손목 통증이 수시로 괴롭혔다. 하루는 손목이 너무 아파 일을 할 수 없어서 조퇴하고 병원에 갔지만, 의료보험 카드가 오리엔트 본사 소재지인 서울로 되어서 치료도 받지 못하고 그냥 참고 견뎌야 했다. 한창 성장기라 몸이 성장함에 따라 팔이 더욱 뒤틀리면서 다친 손목 통증이 더 심해진 것이다.

남은 두 달이나마 시험 공부에 전념하려고 회사에 사표를 냈지만, 회사에 대체할 숙련된 락카 작업자가 없다며 생산

---

8 김민정·김현정, 《인간 이재명》, 아시아, 2021.

부장까지 내려와 한 달만 더해달라고 사정을 하는 바람에 시험 한 달 전까지 더 일해야 했다.

1980년 4월 19~20일, 이틀에 걸친 대입 검정고시를 재명은 셋째 형 재선과 나란히 치렀다. 시험 결과 발표는 5월 중순이고, 대입 예비고사는 11월에 있을 예정이었다. 검정고시를 치르고 나서 대입 학원에 가겠다고 하자 아버지는 시험 결과나 보고 가라며 우선은 다시 취직부터 하라고 몰아세웠다. **학원 문제로 아버지에게 심한 꾸지람을 들은 재명은 그날 일기에 죽고 싶다고 썼다. 재명은 취직하는 대신 날마다 아버지의 새벽 일을 따라다녀야 했고, 가파른 언덕길로 손수레를 끌며 연탄을 날라야 했다.**

5월 15일, 합격자 발표가 났다. 형제가 나란히 합격하고, 재명의 친구 심정운도 합격했다. 재명은 무엇보다 재선 형의 합격이 기뻤다. 멀리 지방의 건설 현장에서 일하느라 시험 준비를 거의 하지 못해 합격 기대를 접은 형이었다.

"재명인 자기 할 말은 했지요"

　대입 검정고시를 통과했지만, 아버지는 말을 바꿔, 학원 다니지 않아도 갈 만한 전문대에 가라고 종용했다. 하지만 재명은 꼭 4년제 대학에 가고 싶었다. 이왕이면 남들이 알아주는 명문대라면 더 좋았다. 그러면 입주 과외를 해서 대학을 마칠 수 있다는 걸 성일학원 김창구 선생님이 알려주었다. 덤으로 자기 공부방까지 생긴다고 했다. 지금껏 자기만의 방은커녕 온전한 책상조차 가져본 적이 없는 재명이었다.
　대입 예비고사까지는 6개월이 남았다. 그동안만 밀어주면 정말 잘 볼 자신이 있었지만, 아버지는 한사코 안 된다고만 했다. 마침 오리엔트에서 퇴직금 6만 5,000원이 나왔다. 회사 관례가 퇴직 3개월 후에 퇴직금을 지급하는 거라서 그때 나온 것이다. 아버지한테는 5만 5,000원을 넘기고, 5,000원은 몰래 어머니한테 드렸다. 그리고 나머지 5,000원은 수험서라도 살 요량으로 감춰두었다.
　재명은 아버지한테 무슨 일이 있어도 4년제 대학을 가고야 말겠다고 정식으로 선언했다. 다른 건 몰라도 자기 일생이 걸린 문제에서 얼렁뚱땅 물러설 수 없다는 굳센 의지의 표현이었다. 재명이 한번 작정하고 나서면 아무도 그 뜻을 꺾을 수 없다는 걸 아는 아버지는 책값이랑 학원비를 내주는 대신 조건을 걸었다. 5월이 가기 전에 다시 취직해야 한다는 것이다.

2021년 인터뷰에서 둘째 형 이재영은 옳다고 여기면 어떤 손해를 감수하고서라도 물러서지 않는 재명의 대찬 성품이 남달랐다고 회상했다.

"재명인 좀처럼 기죽지 않는 애였어요. 어려서부터 형제 중에서 재명이만 아버지한테 말대꾸했어요. 우린 아버지 말씀이라면 무조건 따랐는데, 재명인 자기 할 말은 했지요. 그러다 얻어맞기도 했지만, 자기가 옳다고 여기면 맞으면서도 끝내 물러서지 않았어요." [9]

일단 학원에 다니게 된 것만도 다행이라 여긴 재명은 취직자리를 알아보았다. 마침 오리엔트에서 직공을 구했다. 대학 갈 거라며 큰소리치고 나온 공장에 다시 들어가자니 자존심이 상했지만, 성남에서 그보다 나은 일자리가 없었다. 취업서류를 써 들고 공장 문 앞까지 간 재명은 한참을 망설였다. 대입 예비고사가 5개월 앞인데, 공장에 다니면서 무슨 수로 고등학교 3년 과정을 공부하여 예비고사를 통과하고 본고사까지 대처할지 막연했다. 재명은 결국 공장 문 앞에서 발길을

---

9 김민정·김현정, 《인간 이재명》, 아시아, 2021.

돌렸다. 아버지한테는 면접 잘 보고 왔다고 했다. 아버지는 학원 시간 외에는 재명을 한시도 가만두지 않았다. 학원 마치고 와서 복습하려는 재명을 밤중에 불러내 쓰레기 치우는 데 앞세웠다. 재명은 아버지가 아들 공부를 막으려고 작정한 성싶었다. 쓰레기를 치우는 중에 이럴 것이면 차라리 수면제를 먹고 고통 없이 죽자는 생각까지 들었다.

재명은 새벽에 신문 배달을 나가면 아버지가 쓰레기 치우러 가자고 안 할 성싶어 신문 배급소를 기웃거리다가 신문에 대문짝만하게 난 국보위의 '교육 정상화 대책'에 눈이 갔다. 하나는 TV 과외 방송을 한다는 거였고, 또 하나는 검정고시 합격자는 예비고사를 면제한다는 거였다. 재명에게는 또 하늘이 돕는 일이었다. 주체할 수 없는 기쁨에 폴짝거리며 집으로 돌아와 재영 형에게 신문을 보여주었더니, 직장 생활 3년 이상인 사람만 해당한다고 했다. 그런데 재명은 나이가 어려 그동안 남의 이름으로 직장생활을 했으니, 면제 대상임을 증명할 길이 없었다.

어쨌든 재명은 재선 형과 나란히 앉아 6월부터 시작된 KBS-TV 과외 방송을 시청했다. 밤 11시부터 시작한 과외 방송은 12시 반에 끝났다.

하루는 비가 쏟아지는 밤에 쓰레기 치우러 나갔다가 몸살이 나서 아침에 자고 있는데, 아버지랑 어머니랑 하는 얘

기가 잠결에 희미하게 들렸다. 재명이 팔 병신 될 거라는 얘기였다. 어머닌 "집 사려고 모아놓은 돈을 헐어 재명이 팔부터 고쳐주자"고 했다. 아버진 "그 돈엔 절대 손 못 댄다"며 단호했다. 재명이 흘린 눈물이 베개를 흥건히 적셨다.

깨어나 보니 연탄불은 꺼졌고
정신은 말짱했다

재명에게 대학 입시도 팔 치료도 부질없는 일이 되고 말았다. 더 살아야 할 이유가 사라져 죽어야겠다고 생각할 즈음에 북한군 장교가 미그기를 몰고 넘어와 전쟁이 일어날 판이었다. 제일 먼저 자원 입대하여 싸우다 죽어버릴 결심을 했는데 전쟁은 일어나지 않았다. 약국에 가서 수면제를 한 움큼 사다 놓고 있는데, 할아버지 부음이 날아들었다. 할아버지 장례를 치르고 올라왔는데 아버지 구박이 갈수록 더 심해졌다. 손목이 아파 일하는 꼴이 시원치 않자 "병신 같은 놈, 그따위로 일하면 팔을 고쳐주지 않겠다"고 소리쳤다. 취직은 안 하고 공부할 궁리만 해서 더 그러는 것 같았다.

재명은 날을 잡아 다락에 연탄불을 피워놓고 사놓은 수면제를 한입에 넣었다. '이제 영영 떠나는구나' 생각하니 눈물이 하염없이 흘렀다. 이상하게 잠이 쉬 오지 않았다. 한참 만에 잠들었는데, 깨어나 보니 연탄불은 꺼졌고 정신은 말짱했다. 수면제가 부족했나 싶었다.

다시 날을 받아 죽기로 했다. 죽기 전에 여자친구를 한번 사귀어볼까 하고 이리저리 펜팔 주소를 뒤져 편지를 보내는 중에 아버지가 오리엔트 수위장에게 3,000원이나 바치고 취업 면접을 성사시켰다.

면접 보는 날, 두 번째 자살까지 실패한 재명은 현장을 매형한테 들켜 지각 면접을 보고 오리엔트에 취직했다. 약사가 눈치를 채고 수면제 대신 영양제를 준 거였다. **매형은 재명을 공장 문 앞까지 데려다주면서 자기가 팔을 고쳐줄 테니 걱정하지 말라며 어깨를 토닥였다.** 과일 행상으로 겨우 생계를 꾸려가는 매형의 따뜻한 한마디에 재명은 힘이 났고 눈물도 났다.

단어장을 든 채로 졸다가
종점까지 가기도 했다

오리엔트에 다시 들어간 재명은 한쪽 코의 후각마저 잃고 싶지 않아 락카실 근무를 사양하고 돌로 시계판 다듬는 일을 맡았다. 월급으로 5만 3,000원을 받아 봉투째 갖다 주면 아버지가 용돈으로 6,000원을 떼주었다. 그 돈을 받아 3,000원을 떼서 어머니에게 맡겼다. 어머니는 그동안 용돈을 쓰지 않고 맡겨 쌓인 돈이 5만 원이라고 알려주었다. 재명은 거금 5만 원을 받아들고 소원이던 카메라를 살까 망설이다가 실반지 하나 없는 어머니 손을 보고는 아버지 몰래 금가락지를 사서 끼워드렸다. 어머니는 겉으로는 "뭐하러 이런 데 돈을 다 썼냐"며 타박했지만, 그 가락지를 평생 애지중지했다.

그 무렵 셋째 형 재선은 방위 소집을 받아 복무 중이었고, 재명은 공부에 의욕을 잃고 퇴근 후에는 TV나 보며 빈둥거렸다. 그러자 둘째 형 재영이 공부에는 손 놓고 놀기만 한다며 재명을 나무랐다. 그러나 아버지는 한사코 전문대에 가라 하고, 과외 금지령으로 대학 공부 길이 막혀버린 상황에서 도무지 입시 공부를 할 의욕이 나지 않았다.

재명은 답답한 마음에 성일학원 김장수 선생님을 찾아갔다. 선생님은 반가운 소식 하나를 전했다. 내년 1981년부터는 본고사를 없애고 예비고사 성적만으로 학생을 선발한다는 것이다. 그리고 군인들이 과외를 금지한 대신 인심을 얻으려고 뭔가 획기적인 후속 대책을 내놓을 테니 공부에 손 놓지 말고 기다려보라 했다. 한 가닥 희망을 품게 된 재명은 다시 공부에 열중하기로 마음먹었다.

그러는 중에 재명의 집은 월세에서 전세로 이사했다. 이제 다달이 4만 원을 집값으로 내지 않아도 되었다.

재명은 여전히 TV 과외가 끝나면 아버지를 따라 시장 청소에 나섰다. 하루는 야간 경비원이 술에 취해 아버지에게 모욕적인 행패를 부렸다. 재명은 "근무시간에 술 취해 행패를 부려도 되느냐"며 야무지게 따졌다. 아버지가 도리어 재명을 야단치며 말렸다. 이 일이 있고 난 후로 재명을 대하는 아버지의 태도가 사뭇 누그러졌다. 얼어붙은 부자간에 조금은 훈기가 돌았다.

1981년, 성적이 우수하고 가난한 대학생들을 위한 특별 장학금 제도가 전국 대학에 도입되었다. 군인들이 대학 입학 정원을 대폭 늘려주는 대신 파격적인 장학금 제도를 시행하도록 한 것이다. 김창구 선생님 짐작이 적중했다. 유혈 쿠데타로 정권을 잡은 정치군인들은 올림픽 유치를 신청하고, 프로 스포츠 리그를 개설하는 등 국민의 관심을 정치가 아닌 딴 데로 돌릴 여러 가시적인 정책들을 쏟아냈다. 망국병으로 불리던 과외의 전면 금지로 민심을 사는 한편 파격적인 장학금 제도로 대학생들의 원성을 눌렀다.

아버지는 재명이 계속 공장에 다니는 조건으로 대입 학원 등록을 받아들였다. 아버지는 월급에서 2만 원만 집에 가져오고 나머지는 학원비와 책값 등으로 쓰도록 했다. 성남에는 종합반을 운영하는 학원이 없어 재명은 멀리 서울 답십리 학원에 등록했다. **퇴근하자마자 시외버스를 타고 답십리 학**

원으로 달려가 밤 7시부터 10시까지 3시간 강의를 들었다. 오가는 버스에서는 영어 단어를 외웠다. 돌아오는 길에 단어장을 든 채로 졸다가 종점까지 가기도 했다.

나의 어린 시절처럼 약한 사람을 돕겠다

재명에게는 하루하루가 전쟁이었다. 분초를 다투는 시간 싸움 가운데 졸음과도 싸워야 했다. 게다가 일상이 되다시피 한 공장 안의 폭력은 아픈 몸을 더욱 힘들게 했다. 한번은 가슴을 주먹으로 세게 맞아 갈비뼈가 부러졌다. 둘째 형 재영이 공장으로 찾아와 "동생 때린 놈을 죽이고야 말겠다"며 노발대발했다. 이에 가해자가 "다시는 그러지 않겠다"며 백배사죄하고 치료비를 물었다. 재명에게 둘째 형은 늘 든든한 뒷배이자 울타리였다.

재명은 학원 다닌 지 두 달이 지나고부터 아버지가 학원비를 주지 않아서 5월부터는 TV 과외를 시청하며 독학을 했다. 그러면서 자기 월급은 이제부터 순전히 대입 공부에 쓰겠다며 아버지한테 가져다주지 않았다. 그렇게 석 달을 모은 월급을 쥐고 학원에 복귀한 재명은 공장을 그만두고 야간반이 아닌 주간반에 등록했다. 남은 4개월을 온전히 공부에 집중해도 뜻한 바를 이룰지 장담할 수 없는데, 이대로 공장을 더 다녔다가는 죽도 밥도 안 될 성싶었다. 마침 그 무렵 잠시 방황하던 친구 정운도 마음을 다잡고 맹렬히 공부하던 참이었다.

심정운은 2021년 인터뷰에서 그때 재명이 얼마나 지독하게 공부했는지 회상했다.

"우리는 같이 독서실에서 공부하며 입시 학원에 다녔어요. 재명이는 졸면 이마가 찔리도록 책상에 볼펜을 곧추세워 놓고 공부를 했는데, 이마가 찔리는 걸 여러 번 봤지요. 나중에는 졸면 가슴이 찔리도록 책상에 압정을 붙여놓기도 했어요. 재명인 한번 한다고 하면 그토록 지독하게 하는 친구였지요. 집중력, 끈기, 뚝심 하나는 천하무적이었어요. 그런 성품이 뭘 하든 끝까지 해서 뚜렷한 성과를 내게 하는 힘인 것 같아요."[10]

1981년 11월 24일, 대입 학력고사의 날이 밝았다. 재명은 제딴으로 할 수 있는 건 다했다. 특히 마지막 4개월은 친구 정운과 함께 하얗게 불살랐다. 학력고사 첫 모의고사를 전국 30만 등 밖에서 시작했지만, 마지막 모의고사에서 전국 2,000등

---

10 김민정·김현정, 《인간 이재명》, 아시아, 2021.

안에 들었다. 이것만으로도 기적적인 성취였다. 학력고사가 끝났다. 다들 어려웠다지만, 재명은 모의고사보다 더 어렵진 않았다.

이윽고 학력고사 점수가 발표되었다. 285점, 전국 2,500등 안이었다. 서울대만 6,350명을 뽑았으니 전국 어느 대학이든 갈 점수였지만, 재명에게는 4년 전액 장학금을 받고 갈 대학이 필요했다.

중앙대학교 법과대학이 재명의 필요를 충족했다. 등록금 전액 면제에 다달이 20만 원의 생활비까지 지원되었다. 20만 원은 당시 공장 직공 월급의 3배가 넘는 금액이었다. 대기업 초봉 수준의 월급을 받아가며 학교에 다니는 셈이다. 재명은 무엇보다 이런 돈이 생겨 셋째 형 재선의 대입 준비를 돕게 되었다는 생각에 가슴이 벅찼다. **대학 합격 통지서를 받은 날 일기에 재명은 이렇게 썼다.**

"어차피 시작한 것, 사법고시에 합격해 변호사가 되어 약한 사람, 나의 어린 시절처럼 약한 사람을 돕겠다. 검은 그림자에 갇혀 고생하는 사람들에게 빛이 되어 보겠다."

친구 정운은 중앙대 공대에 응시하여 합격했다. 재명과 정운은 검정고시부터 대학까지 깊은 우정을 이어갔다. 수어지교, 지란지교의 우정이다.

군사 독재 시대, 인식의 전환과 부채의식
꿈에 그리던 대학 그리고 사시 합격 1982~1986

"나는 새로운 것에 관심이 많은 아이였어요"

대학에 와서도 재명의 공부는 전쟁이었다. 중고등 과정을 건너뛰고 검정고시와 벼락공부로 대학에 왔으니 학습 전반의 기초가 부족한 건 당연했다.

특히 한자를 몰라 애를 먹었다. 당시 대학 교재는 다 한자 투성이였다. 법학, 행정학, 경제학 교재는 어려운 한자가 유난히 더 많았다. 이 문제는 옥편을 외우다시피 하여 해결했지만, 필수 과목인 교련은 고등학교를 건너뛴 재명에게 난감했다. 그밖에도 모르는 것이 수두룩했다.

대학생이 된 재명은 이제 좀 더 넓은 시야로 세상을 보고 싶었다. 또 여기까지 오도록 오지게 고생한 자신을 좀 풀어놓으면서 위로하고도 싶었다. 그래서 여름방학을 맞아 정운과 의기투합하여 강원도로 여행을 갔다.

경춘선을 타고 춘천으로 간 둘은 정운의 큰집에서 하룻밤 신세를 지고 이튿날 소양강에서 양구행 배를 탔다. 혼자 자전거 여행을 하던 배재영을 만났다. 알고 보니 정운과 같은 공대 1학년이다. 셋은 그날 밤 수도 없이 오르내리는 징글징글한 광치령을 넘어 날이 밝아서야 인제에 닿았다.

외설악을 지나 한계령을 넘을 즈음에 재명은 발에 물집이 잡혀 걷기가 힘들었다. 새로 산 싸구려 농구화를 벗어들고 맨발로 비선대와 소청봉에 올랐다가 양양으로 가서 처음으로 동해를 보았다. 양양에서 강릉 막걸리로 작별 파티를 했다. 배재영은 부산을 향해 내려가고 둘은 속초를 향해 올라갔다. 이재명은 2021년 인터뷰에서 그날의 감상을 자못 상기된 표정으로 풀어놓았다.

"나는 새로운 것에 관심이 많은 아이였어요. 시골에서 자랄 때는 늘 궁금했어요. 저 산을 넘어가면 무엇이 있을까, 하고요. 그래서 도보 여행과 자전거 여행을 무척 좋아해요. 자동차를 타고 다니면 빨리 많은 걸 볼 수는 있지만, 하나라도 깊이 보고 느끼기는 어렵잖아요. 하지만 도보 여행과 자전거 여행은 다르지요. 내 발바닥이 느끼고 근육이 기억해요. 나는 초등학교 6년 동안 매일 산길을 오르내리며 등하교를 한 터라서 오르막 끝에는 내리막이, 내리막 끝에는 오르막이 기다린다는 걸 일찍이 잘 알았어요. **내가 어려서부터 무슨 일이든 거**

침없이 해낸 건 두려움이 없어서가 아니에요. 사람인데 왜 두려움이 없겠어요. 올라가면 반드시 내려가고, 골이 깊어야 산이 높다는 믿음 때문일 거예요."[11]

"그런데 재명인 정말 지키고 말더라고요"

여행을 다녀온 재명은 고삐 풀린 마음을 추스르고 다시 공부에 파묻혔다. 그런데 교정 분위기가 어수선한 가운데 종종 살벌했다. 경찰이 대학 경내에 상주하던 때였다. 머리에 붉은 띠를 두른 학생들은 "광주 학살 원흉 전두환을 처단하고 군부 독재 타도하자!"고 외치며 교정 여기저기서 기습 시위를 벌였다. "학원 사찰 중지하고 경찰은 물러가라!"거나 "노동운동 탄압 중지하고 노동삼권 보장하라!"고도 외쳤다. 스크럼을 짜고 광장을 돌며 노래도 불렀다. "와서 모여 함께 하나가 되자. 와서 모여 함께 하나가 되자. 물가 심어진 나무같이 흔들리지 않게."

사복 경찰들이 들이닥쳐 최루탄을 터뜨리고 곤봉을 휘둘

---

[11] 김민정·김현정, 《인간 이재명》, 아시아, 2021.

러 시위대를 해산하고 주동자를 끌어갔다. 재명은 이 모든 게 낯설었지만, 뭔가 잘못되어 가고 있다는 느낌이었다. 같은 과 친구 이영진이 재명을 학생회관 전통예술 동아리방으로 데려갔다. 거기서 영진은 '광주 학살' 장면을 담은 비디오를 보여주었다. 주류 언론의 발표대로, 북한의 사주를 받은 폭도들이 일으킨 폭동으로만 알았던 재명은 뒤통수를 망치로 얻어맞은 듯한 충격을 받았다. 내내 공장에만 묶여 살아온 재명이 그날의 진실을 알 턱이 없었다. 재명은 세뇌된 의식의 중핵이 일시에 쪼개지는 소리, 몽매의 각질이 우수수 한꺼번에 벗겨져 내리는 소리를 들었다. 그동안 감쪽같이 속아온 것이 창피하고 분했다.

영진은 전통예술 동아리에 들어와 함께 싸우자고 청했나. 얘기를 나누다보니 가난한 집 자식인 영진도 전액 장학생으로 들어온 터였다. 고향 친구들이 대개 노동자라서 노동자 월급이 얼만지도 알았다. 재명은 영진에게 "운동 같은 건 부잣집 애들이 좀 하고 너는 공부하면 안 되겠냐"고 반 농담으로 되물었다. 영진은 대답 대신 웃으며 "특대 장학금 받으면 다달이 시골 부모님께 5만 원씩 보낸다"고 했다.

우선 공부에 뜻을 둔 재명은 영진에게 미안하고 부끄러웠지만, 영진의 청을 완곡히 거절했다. 그 대신 다른 한 가지 약속으로 우정의 끈을 이었다. 이영진은 2021년 인터뷰에서 이날을 회상하며 한번 한 약속은 칼같이 지키는 이재명의 면모를 증언했다.

"재명이는 명석한 데다가 공장 노동자 출신이라는 소문이 돌아서 계속 주목했지요. **내가 운동을 함께하자고 청하자 미안하다면서 지금은 어렵다고 했어요. 그 대신 사법고시 붙어서 판검사 안 하고 변호사로 우리와 함께하겠다고 약속했지요.** 다른 사람이 그랬으면 안 믿었을 텐데 재명인 정말 그럴 거라고 믿었어요. 재명인 빈말하고 약속 안 지키는 친구들을 경멸했어요. 무슨 일이든 진짜 안 할 거라면 '난 못해, **난 안 해…' 틀림없이 이렇게 얘기하는 친구니까요.** 술자리에서 지나가는 말로 하는 약속, 꼭 안 지켜도 되는 가벼운 약속도 한번 했으면 손해를 무릅쓰고라도 꼭 지켜요. 한편으론 판검사 안 하고 변호사 하겠다는 약속은 자기 인생이 통째로 걸린 문제라서 '과연 지켜질까' 하는 의구심이 살짝 들긴 했어요. 그런데 재명인 정말 지키고 말더라고요."[12]

---

12 김민정·김현정, 《인간 이재명》, 아시아, 2021.

과연 이런 세상이 정당한가,
의문이 들었다

　1984년 5월, 3학년이 된 그해 재명은 만 20세로 사법고시 응시 자격을 얻어 사법고시 1차 시험을 치렀다. 셋째 형 재선과 함께 자전거로 전국을 일주하던 중에 대구에서 1차 합격 소식을 들었다. 재선은 공인회계사 시험을 치르고 떠나온 터였다. 서해안과 남해안을 돌아 대구에 도착한 형제는 축배를 들고 동해안을 거쳐 서울로 돌아왔다. 그 무렵 아버지는 집을 장만한 이후로 아예 다른 사람처럼 변했다. 전보다 돈 얘기도 덜 하고, 자식들한테도 자주 웃어주고, 어머니를 함부로 대하지도 않았다. 사람은 변하지 않는다는데, 재명이 보기에 아버지는 변했다. 재명은 아버지가 아버지다워지자 집이 집다워졌다는 생각이 들었다. 자주 웃음꽃이 피면서 사람 사는 것 같아져서 좋았다.

　그해는 1차만 준비한 터라서 2차는 경험 삼아 보고, 진짜 승부는 이듬해 2차 시험에 걸렸다. 재명은 2차 시험을 준비하기 위해 신림동 고시원으로 들어갔다. 해가 바뀌어 4학년이 되었다. 올해 2차에 실패하면 다시 1차부터 시작해야 했다. 그보다 문제는 졸업하기 전에 마무리하지 못하고 졸업 후로 넘어가면 돈 나올 데가 없어 고시 공부를 계속할 수 없다는 데 있었다. 주위에서는 올해 2차에 합격하리라는 걸 믿어 의심치 않았다.

1985년 7월 12일, 2차 시험을 보고 나서 이번엔 혼자서 전국 자전거 일주를 떠났다. 동해안을 타고 내려가 남해안과 서해안을 돌아 열여드레 만에 돌아왔다. 고시원 선배 최원준의 삼천포 고향 집에 들러 사흘을 설렁거리며 쉰 것 말고는 하루도 쉬지 않고 내달린 강행군을 이겨냈다.

합격자 명단에 재명의 이름은 없었다. 내심 자신했던 재명은 망연자실했다. 아무래도 떨어진 원인을 몰라 답답해하다가 나중에 원인을 알고는 헛웃음이 나왔다. 상법 과목의 마지막 문제가 '수표보증'에 관한 것인데, '수표지급보증'으로 잘못 기억한 것이다. 대개는 문제를 시험 끝날 때까지 걸어두는데, 앞 문제의 답을 쓰는 새에 감독관이 내려버려서 잘못 기억된 문제를 확인하지 못하는 바람에 벌어진 일이었다. 조금이라도 찜찜했으면 감독관한테 정확히 물어보면 될 일을 자기 기억만 맹신하여 방심한 대가를 치른 것이다. 재명은 3학년 때 첫 시험에서 높은 성적으로 덜컥 합격한 것도 독이 되었다고 했다. 이 일은 이후로 두고두고 뼈아픈 교훈으로 남아 재명에게 매사 겸손하라 일렀다.

낙방 당시에는 하늘이 무너지는 절망감으로 방황했지만, 지금 와서 '그때 만약 합격했으면 어땠을까' 질문을 받은 이재명은 의외의 답을 내놓는다.

"그 실패가 내 인생에 큰 도움이 되었어요. 당시엔 운이 참 나빴다고 생각했는데, 세월이 갈수록 참 운이 좋았다는 걸 깨달았지요. 그때 바로 붙었으면 어땠을까…. 그랬으면 제 잘난 줄만 알고 건방지게 살았을 것 같아요. 아찔하지요."[13]

이제 1차 시험부터 다시 치러야 하는 재명은 자신이 한심하고 식구들한테 창피했다. 그렇게 식구들 눈치나 보며 찌그러져 있는데 아버지가 기분 전환도 할 겸 고향에나 한번 다녀오라고 했다. 전에 없던 일이라 재명은 아버지가 새삼 다시 보였다.

고향에 내려가 쉬면서 옛 친구들을 만나 며칠간 천진난만하게 놀다온 재명은 고시 실패의 후유증에서 벗어나 안정을 찾았다.

하루는 고시원에서 공부하고 있자니 누군가 쿵쿵대며 창문 밖을 오르내렸다. 창문을 치고 지나가기까지 했다. 재명은 짜증이 나서 창문을 확 열어젖혔는데, 건축 현장 아주머니가 벽돌을 잔뜩 이고 가설 계단을 올라가는 중이었다. 눈이 마주친 재명은 부끄러움에 얼른 창문을 닫으며 어머니와 형제들을

---

[13] 김민정·김현정, 《인간 이재명》, 아시아, 2021.

떠올렸다. 재명의 여동생이 꼬박 하루 12시간을 일하고 받는 월급이라야 고시원 한 달 하숙비도 못 되었다. 저 아주머니도 다르지 않을 것인데, 과연 이런 세상이 정당한가, 의문이 들었다.

4학년 종강과 함께 법대생들은 대학원으로, 회사로, 군대로, 고향으로, 고시원으로 저마다 길이 갈렸다. 재명은 동기들을 뿔뿔이 떠나보내고 고시원으로 돌아왔다. 겨울이 깊어지면서 고시원은 고시 낭인들로 가득 찼다.

재명이 공부하는 고시원의 리더는 최원준이었다. 재명보다 네 살 위인 그는 정의롭고 인간관계나 일 처리가 공평무사해서 신망이 높았다. 재명도 그를 믿고 따랐다. 그해 성탄절 즈음 밤에 원준은 재명을 데리고 이태원으로 놀러 갔다. 한 클럽 앞에서 한국 여성이 미군한테 심하게 희롱을 당하는데도 감히 나서서 말리는 사람이 없었다. 재명이 그걸 보고 망설임 없이 나섰다. 이날의 일을 최원준이 지난 2021년 인터뷰에서 상세히 회상했다.

"재명인 하여튼 불의를 보면 참지를 못해요. 그날도 미군 병사가 한국 여성의 팔을 잡아끌며 추태를 부리는 거예요. 다들 어떻게 해야 할지 몰라서 어어, 하는데 재명이 다가가서 영어로 욕을 하면서 그 여성을 미군한테서 떼어냈어요. 우리가 놀란 건 재명의 용기가 아니라 영어였어요. 우리 땐 영어라면 문법이나 독해 정도 좀 하지 회화는 전혀 못 했거든요. 순전히 검정고시로 대학에 온 터에 그렇게 영어를 잘하는지 다들 신기해했지요."[14]

아버지는 재명의 생일에 눈을 감았다

　1985년 춘삼월에 재명은 사법고시를 앞두고 암으로 쓰러진 아버지의 입원 소식을 들었다. 아버지는 재명을 보더니 처음으로 눈물을 보였다. '아버지도 이제 많이 약해지셨구나' 생각하니 짠했다. 투병 중인 아버지를 위해서라도 이번엔 꼭 합격하리라 다짐했다.

　그해 5월의 1차 시험을 높은 점수로 통과한 재명은 7월의 2차 시험도 실수 없이 치러 합격자 명단에 이름을 올렸다. 병원으로 달려가 아버지에게 최종 합격 소식을 전하자 아버지는 아들의 손을 부여잡고 말없이 눈물만 흘렸다. 눈물이 볼을 타고 내려 베개를 흠뻑 적셨다. 아버지와 재명 사이의 서운함은 그 눈물로 남김없이 씻겼다. 이후로 재명은 아버지의 그 눈물을 생명수로 가슴에 간직하여 한시도 잊지 않았다.

14　김민정·김현정, 위의 책.

재명은 시민운동을 하면서 고초를 겪을 때, 정적들이 없는 사실을 꾸며 함부로 모욕하고 겁박할 때, 셋째 형 재선의 문제로 온 집안이 공개 창피를 당할 때, 억울한 일을 당해 마음이 피폐해질 때… 그런 위기의 순간마다 아버지를 떠올리면 자기도 모르게 힘이 솟고 투지가 살아났다. 생의 마지막 순간에 보여준 아버지의 눈물이 재명을 다시 일으켜 세우는 용기와 희망의 원천이 되었다.

1986년 음력 10월 23일, 아버지가 애증이 교차한 아들 재명의 마지막 효도를 자랑스러워하며 눈을 감았다. 그 아들의 생일날이다. 새 생명을 세상에 내놓은 날에 맞춰 등대의 소명을 다하고 저세상으로 떠났다.

이듬해 3월 2일, 사법연수원 18기로 입소했다. 윤석열 탄핵 심판 국면에서 국민의힘은 문형배 헌재소장 대행이 이재명과 연수원 동기라며 사퇴를 압박했다. 그런데 국민의힘이 추천하고 최상목 권한대행이 임명한 조한창 헌법재판관도 18기로 이재명의 동기다. 명색이 집권 여당이고 공당을 자처하는 터에 기본적인 면목조차 차리지 못하는 이런 행태가 21세기 민주공화국에서 버젓하니 한심함을 넘어 슬프다.

사법연수원 첫 월급을 받은 재명은 한식날 아버지가 즐기던 술과 담배를 사 들고 산소를 찾았다. 아버지 묘에는 갓

움튼 봄싹이 파릇파릇했다. 불을 붙여 놓아드린 담배에서 푸른 연기가 피어올라 묏등으로 퍼져 스몄다.

산소에 다녀온 재명은 용돈 제하고 남은 월급을 어머니에게 드렸다. 어머니는 그 돈을 오래도록 쓰지 않고 기념 화폐인 양 품에 지니고 다녔다. 어느 어머닌들 그러지 않을까.

재명의 연수원 생활 2년간 바깥 사회에서는 한국 현대사의 물길을 바꾸는 대사건들이 잇달았다. 민주화 투쟁의 불길이 걷잡을 수 없이 타오르는 가운데 박종철 고문치사 사건이 터져 투쟁에 기름을 부었다. 6.10 항쟁의 노도는 군사정권의 6.29 항서를 받아냈다.

상식을 변호하는 '우리 변호사'
판검사 대신 인권변호사 & 시민운동가 1987~2004

〽

연수생 신분에서 벗어나기도 전에
2차 사법 파동의 주역

　1988년 사법연수원 2년째에 재명은 고향 안동에서 검사 시보로 실무 연수를 받았다. 시보가 진짜 검사 같다는 말을 들을 만큼 검사 업무에 특출한 재능을 발휘했다. 당시 이동근 안동지청장이 검사 체질이라며 검사 지원을 권유할 정도였다. 재명 본인도 검사 하면 잘하리라 자신했지만, 이미 친구 이영진과 자기 자신에게 해놓은 약속이 있었다. 어떤 유혹에도 그 약속만큼은 잊지 않기로 했다. 그래서 재명은 의기투합한 연수원 동기들과 노동법학회 모임을 만들어 공부하면서 노동법 상담 봉사 활동을 펼쳤다. 재명은 학회 회원들과 함께 5.18 묘역에 참배하며 뜨거운 눈물을 흘렸다. 지난날의 무지몽매를 참회하는 눈물이었고, 낮은 곳에서 약자를 돕는 변호사가 되리라는 다짐의 눈물이기도 했다.

검사 시보를 마치고 서울로 돌아온 재명은 변호사 시보를 했다. 이 무렵 노태우 대통령이 김용철 대법원장의 유임을 거론했다. 전두환이 임명한 대법원장이다. 그러자 전국 판사 430명이 연명으로 유임에 반대하고 나섰다. 이에 대통령은 정기승을 대법원장에 지명했다. 그러자 법조계에서 더욱 거센 반발이 일었다.

민변은 성명을 내어 "군사 정권 치하에서 사법부의 요직을 두루 거치면서 시국 사범 재판 등에 부당한 간섭을 일삼는 등 독재 권력에 협조해온 인사를 법조인 다수의 반대 여론에도 불구하고 굳이 대법원장에 지명한 것은 민주 시민의 민주화 열망을 짓밟고 사법부를 장악하려는 불순한 의도를 드러낸 폭거"라고 비판했다.

당시 야당 과반 의석의 국회가 임명동의안을 7표 차이로 부결시킴으로써 대법원장 임명동의안이 헌정 사상 최초로 부결되었다. 이에 노태우 대통령은 국정 수반으로서 여소야대 국회의 벽을 절감했다. 그래서 감행한 것이 1990년 1월의 3당 합당이다. **여소야대의 국회 지형 앞에서 노태우는 정치적 거래를 선택했고, 윤석열은 아예 헌법을 무시하는 비상계엄령을 선택했다. 검사 윤석열은 35년 전의 군인 노태우보다 퇴행한 셈이다.**

재명은 안기부 요원의 재판 개입에 앞장서온 판사가 대법원장이 되는 걸 두고 볼 수 없다며 행동에 나섰다. 처음에는 연수생자치회 명의의 집단서명으로 반대의견을 밝히려 했지만, 연수원에서 막았다. 이에 재명은 봉천동 여관을 임대하여 작전본부로 삼고 동기들을 불러모았다. 문무일, 최원식, 민태식 등이 함께했다. 타자기로 작성하여 복사한 성명서를 나눠 들고 전국에서 실무연수 중인 연수생들의 서명을 받기 위해 각자 지역을 나눠 흩어졌다. **사법연수생 185명이 서명한 반대성명서 발표와 함께 일선 법원의 판사들까지 들고일어났다. 이렇게 2차 사법파동이 벌어지자 대통령은 결국 정기승 대법원장 지명을 철회했다. 이재명은 연수생 신분을 벗어나기도 전에 2차 사법파동의 주역이 된 것이다.**

"변호사는 밥 안 굶는다"는 말

이재명의 연수원 성적은 상위권이어서 마음만 먹으면 검사는 물론이고 판사로도 나갈 수 있었다. 차라리 성적이 낮았으면 깨끗이 단념했을 텐데, 손안에 든 떡처럼 놓아버리기가 쉽지 않았다. 더구나 선봐서 서로 호감으로 만나던 아가씨한테 인권변호사 운운했다가 차인 쓰라림도 작용했다.

이렇게 흔들리는 마음을 다잡아준 사람은 연수원에 특강을 하러 온 변호사였다. 바로 재명이 하려던 노동인권 변호사였는데, 시원시원하면서도 구수한 강의가 귀에 쏙쏙 들어왔다. 무엇보다 "변호사는 밥 안 굶는다"는 말이 재명을 사로잡았다. 그 변호사가 노무현이었다.

연수원을 수료한 재명은 성남에서 변호사를 하기로 작정했다. 변호사로서 특별한 연고가 있지는 않았지만, 노동자로서 잔뼈가 굵은 성남은 재명에게 고향이나 마찬가지였다. 주위에서는 딱 1년이라도 판검사로 있다가 나와 전관예우를 받아 사무실 비용이라도 마련하라고 권유했지만, 재명은 그러다 못 빠져나올 수도 있을뿐더러 전투력이 떨어진다며 사양했다.

변호사 개업 비용이 없는 재명은 우선 법률구조공단에서 일해 개업 비용을 마련하기로 했다. 공단에서 일하는 시간 외에는 성남노동상담소에서 무급 상담역으로 활동했다.

재명이 쉬운 길을 놔두고 굳이 험난한 길을 선택한 데는 또 한 사람의 감화가 있었다. 연수원 변호사 시보를 조영래 변호사 사무실로 나가 인연을 쌓은 게 계기가 되었다. 당시 그는 조 변호사가 맡은 망원동 수재민 집단소송 업무를 도왔다.

조영래는 1970년 서울대 법대 주관으로 치러진 전태일 장례식에 참석하면서 전태일의 생애에 깊이 빠졌다. 이후 민청련 연루자로 수배되어 도피 생활을 하는 가운데 전태일

의 어머니 이소선 여사를 만나 인터뷰하고 생전의 전태일이 함께한 노동자들을 찾아 청계천 일대를 누비는 등 전태일 연구에 열정을 바쳤다. 그리하여 《어느 청년노동자의 삶과 죽음》을 익명으로 출간했는데, 이것이 나중에 《전태일 평전》으로 다시 나오면서 저자의 이름을 찾았다. 재명은 조 변호사 사무실에 있던 이 책을 읽으면서 하염없이 눈물을 쏟았다.

나중에 조영래 변호사는 개업 비용을 마련하려 애쓰는 재명을 불러서는 은행에서 빌린 500만 원을 내밀며 사무실을 열라고 했다. 당시로선 큰돈이었다. 돈도 돈이지만 재명은 조 변호사 같은 훌륭한 어른이 자신을 인정하고 신뢰한다는 사실에 고무되었다.

그 돈을 받아들고 사무실을 구하러 다니는데, 성일학원 김창구 선생님이 부르더니 하려면 제대로 해보라며 500만 원을 내밀었다. 같은 도움이라도 절박할 때 내미는 손길은 사람을 살린다. 그 사람의 인생을 바꾼다.

재명은 고귀한 뜻이 담긴 돈 1,000만 원을 받아 성남에 변호사 사무실을 열며 굳게 다짐했다. **돈이 아니라 사람을 변호하겠다! 이익이 아니라 정의를 변호하겠다!** 이것은 안중근 정신이다. 이익을 보거든 의로움을 생각하고, 위태로움을 보거든 목숨을 바쳐라!

애초에 수임료 따위는 계산에 넣지 않았다

처음 며칠은 사무실이 한산하더니 이윽고 성남공단의 노동 사건 의뢰가 밀려들었다. 인근 대학에서 시국사건으로 구속된 학생들 변호도 도맡았다. 금세 소문이 퍼졌는지 돈 안 되고 성가신 사건은 이재명 사무실로 죄 몰렸다. 상담은 누구에게나 모두 무료였다. 기업 사장님이 오든 시장 좌판 할머니가 오든 똑같이 대했다. 특히 의지할 데 없는 가난한 노동자가 오면 더 친절하게 맞이하고 더 정성껏 상담하고 변호했다. 의뢰인의 형편을 살펴 가능하면 소송까지 가지 않고 당사자 간 해결 방안을 찾아 주었다. 비록 원고라 할지라도 가난하거나 힘없는 사람에게 민사소송은 이기고도 지는 재판이 되기 쉬웠다. 그래서 의뢰인에게 현실적으로 무엇이 최선인지 고민하고 고민한 끝에 방향을 정했다. 애초에 수임료 따위는 계산에 넣지 않았다.

변호사 사무실이 자리 잡히자 재명은 노동상담소 일에 관심을 돌렸다. 마침 광주·여주·이천 지역에서 노동상담소 개설을 준비하던 안양로 소장이 도움을 청했다. 흔쾌히 받아들인 재명은 매주 2회씩 그곳으로 가서 상담 봉사활동을 했다. 안 소장에 따르면 형사들의 압력으로 사무실에서 쫓겨나 막막했는데, 새로 얻은 사무실 보증금 2,000만 원을 이재명 변호사가 부담해서 노동상담소가 문 닫을 위기를 넘겼다. 종종 삼겹살 파티도 열어주고 다달이 100만 원이 든 봉투를 주머니에서 꺼내 주었다. 그 돈으로 매달 월세와 간사들 활동비를 충당했다. 안 소장이 이천을 떠날 때까지 3년 넘게 그 도움은 유지되었다. **안 소장은 '이재명이 변호사니까 이 정도 여유는 있는가보다' 여겼는데, 나중에 10년도 더 지나서 '이재명이 자기 사무실 열 돈이 없어 빌렸다'는 얘기를 다른 사람한테 듣고는 깜짝 놀라고 미안했다.**

변호사 이재명의 승소율이 높은 이유

이재명 변호사 사무실은 노동자들이 비빌 든든한 언덕이 되어갔다. 노동 관련 사건이 밀려드는 가운데 분노를 유발하는 가슴 아픈 사건도 많았다.

전자부품을 제조하는 에프코아코리아는 일본 기업인데, 어느 날 갑자기 공장 문을 닫아버렸다. 수주 물량 감소가 구실이었지만, 실상은 노조 활동을 원천봉쇄하려는 위장폐업이었다. 노조를 가장 비열한 방법으로 무력화하는 위장폐업은 당시 유행처럼 번졌다. 느닷없이 일터를 잃은 에프코아코리아 노동자 200여 명이 도움을 청했다. 대개 스무 살 안팎의 여성 노동자였다. 재명은 이 사건에 6개월을 매달려 끝을 봤다. 노동자 전원이 체불 임금을 받고 복직했다.

성남의 에프코아코리아는 인천의 세창물산, 구로의 슈어 프로덕츠와 더불어 위장폐업에 맞서 싸워 빛나는 승리는 거둔 위장폐업 소송 3대 대첩으로 남았다.

변호사 사무실을 법원 앞으로 옮긴 재명은 노동상담소를 부설하고 친구 이영진에게 소장을 맡아달라고 청했다. 운동판에 들어가는 대신 사법고시로 인권변호사가 되어 함께하겠다고 한 약속을 7년 만에 지켰다. 재명의 신의에 감명한 영진은 노동상담소장 역할을 넘어 변호사 사무실 운영까지 빈틈없이 도와주었다.

재명은 노동 관련 사건을 워낙 많이 맡기도 했지만, 승소율이 높다 보니 재미있는 일이 벌어졌다. 그에게 패소한 사업주가 나중에 민사 사건을 의뢰해오는 일이 심심찮게 생겼다. 노사 사건에서 비록 이재명에게 패소했지만, 그가 자기 변호사였으면 좋겠다고 생각했다는 것이다.

재명은 어떤 사건이든 일단 맡으면 수임료를 따지지 않고 있는 힘을 다했다. 치밀한 법리 분석은 기본이고 최신 판례까지 다 뒤져 변론을 준비함으로써 승소율을 극한으로 높였다. 그때는 온라인 시스템이 없어서 출판업자가 최신 판례집을 만들어 변호사 사무실을 돌며 팔러 다녔는데, 재명은 그걸 빠짐없이 구해 읽었다. 성남에서 이렇게까지 하는 변호사는 이재명 말고는 거의 없었다. 그러니 "이재명이 모르는 법리나 판례는 성남에서 아무도 모른다"는 말이 나올 법했다.

이영진 소장에 따르면, 재명은 법률 상담 중에 답을 얻지 못하면 며칠 후에 다시 오라 하고는 책을 구해 공부하고 판례를 더 찾아 분석해서 기어이 답을 찾아내고야 말았다. 사람들은 "무료 상담을 왜 그렇게까지 하느냐"고 묻곤 했다. 재명은 "내가 모른다고 해버리면 저 사람들이 성남 어디 가서 답을 찾겠느냐"고 반문했다.

이 소장은 재명의 승소율이 높은 이유를 "지겠다 싶은 소송은 애초에 안 하는 것"이라고 정리한다. 농담처럼 들리겠지만, 매우 중요한 부분이다. 다른 변호사들은 대부분 이기든 지든 다 진행해서 수임료를 받으면 그만이지만, 재명은 변호사가 봐서 질 게 뻔한 사건을 진행하는 것은 의뢰인을 속이는 일이라고 생각한 것이다. 이재명에게 사건을 처음 맡기러 온 의뢰인은 "질 게 뻔하니 그 소송은 하지 말라"고 권하면 열의 아홉은 기분 나빠하며 돌아가 다른 사무실을 찾았다. 얼마 후 지고 나서는 찾아와 "그때 변호사님 말을 들을 걸 그랬다"며 후회했다.

이재명이 나중에 성남시장을 거쳐 경기지사를 할 때 공약 이행률이 압도적으로 높았던 이유도 되지 않을 일은 애초에 공약하지 않았기 때문일 것이다.

우리 이제부터 인간을 변호하자

이재명은 변호사 개업을 한 지 그리 오래지 않아 성남을 비롯한 경기 동남부 일대에서 '우리 변호사'로 통했다. 외국인 노동자라서 해서 다르지 않았다. 회사에서 '문제가 생기면 이재명 변호사를 찾아가라'는 얘기가 널리 퍼졌는지 재명의 사무실은 외국인 노동자들로도 북적댔다.

가족과 헤어져 이역만리에 돈 좀 벌어보겠다고 와서는 임금을 떼이거나 차별을 당하거나 크게 다쳐도 거의 보호받지 못하는 그들은 더 절박하고 억울한 사연이 많았다. 특히 불법 체류자는 사람대접을 받지 못할뿐더러 수시로 협박에 시달리기까지 했다.

1992년, 필리핀에서 건너온 에리엘 갈락은 성남 소재 공장에서 일하다가 오른쪽 팔을 잃었다. 갈락은 산재를 인정받기는커녕 강제 출국을 당할 위기에 놓였다. 재명은 허망하게 펄럭거리는 갈락의 오른쪽 옷자락을 보고 있자니 자신의 굽은 왼팔이 아렸다. 갈락의 신분은 불법 체류자여서 산재 승인을 받아내기가 어려웠다.

재명은 백방으로 뛰었지만, 관련 기관은 '전례가 없다'며 산재 인정을 완강하게 거부했다. 재명은 ILO의 권고 조항까지 첨부하여 노동부에 요양신청서를 냈지만, 끝내 승인을 거절했다. 갈락은 어떤 보상도 받지 못한 채 필리핀으로 돌아갔다. 돌아가는 그의 등에서 울음이 들썩였다.

그렇다고 포기할 이재명이 아니었다. 이건 정말 옳지 않으므로 재명은 그의 전쟁을 멈출 생각이 없었다. 1년에 걸친 집요한 재심 절차를 거쳐 기어코 요양 인정을 받아내고야 말았다. 이미 필리핀으로 돌아간 갈락은 요양을 받을 순 없지만, 산재 보상금은 받게 되었다. 보상금을 받아 필리핀으로 송금한 날 저녁에 사무실 식구들은 치맥 파티를 열어 자축했다. **그 날 밤 대취한 재명은 친구 영진의 손을 부여잡고 울먹이듯 말했다.**

"영진아, 우리 이제부터 인간을 변호하자, 인간을. 인간을 지켜야지, 인간을."

행간에 스민 따듯한 인간성에 마음이 붙들렸다

재명은 변호사가 되고 수년이 흘렀는데도 여전히 노동자였다. 헌법이 엄연히 노동삼권과 시민의 권리를 보장하고 있는데도 노동자는 시민의 권리를 누리지 못했다. 재명은 노동자에게 시민의 권리를 찾아주기 위해 분투했지만, 정작 자신은 시민의 삶을 누리지 못하고 노동자로 남아 떠돌았다.

1991년, 나이 서른이 가까운 재명은 이제 가정을 꾸려 안정된 일상을 지키고 싶었다. 울분에 찬 그의 일상에는 온기가 없었다. 사랑의 온기로 신산한 삶을 덥히고 싶었다. 같은 데를 바라보며 함께 꿈꿀 수 있는 사람을 평생 반려로 맞고 싶었다. 재명은 그해 8월이 가기 전에 다섯 명을 만나보고 반려를 정하겠다며 중매를 부탁하고 다녔다.

8월 15일, 세 번째 맞선이다. 잠실 롯데호텔 커피숍에서 셋째 형수가 소개한 아가씨, 김혜경을 만났다. 형수 말로는 아쉬울 것 없는 중산층 가정에서 유복하게 자라 숙명여대 피아노과를 졸업한 크리스천이라고 했다. 첫 만남만으로 반한 재명은 네 번째 데이트에서 청혼했다. 재명이 "저하고 같이 살아주지 않겠습니까" 하니 혜경은 그냥 웃었다. '웃으니 차이진 않았구나' 싶었지만, 그 뒤로 몇 번을 더 만날 때까지 혜경의 답이 없자 재명은 그동안 쓴 일기장을 몽땅 갖다주면서 "나 이렇게 살아온 사람이니 이걸 보고 살아줄 만하다 싶으면 결혼해 달라"고 했다.

혜경이 일기장을 받아와 보니, 열다섯 살 때부터 스물네 살 때까지 10년의 삶이 고스란했다. 혜경은 재명의 쓰라리고 신산한 분투의 삶에 동정이 가기보다 행간에 스민 따뜻한 인간성에 마음이 붙들렸다.

재명은 혜경의 부모님께 인사를 드리러 가서 피아노가 있는 집을 처음 구경했다. 아파트 안에 들어와 본 것도 처음이다. 안온한 가정이다. 이것이 평범한 시민이 사는 모습일 터였다. 그렇다면 재명은 여태 시민으로 살아본 기억이 없다. '이제 이 사람과 더불어 시민의 삶을 살게 되리라' 생각하니 눈시울이 붉어지고 가슴이 벅차올랐다.

사귄 지 7개월이 지난 1992년 3월, 두 사람은 혼례를 치르고 주공아파트에 신혼 보금자리를 틀었다. 재명은 결혼 이후로 저녁 시간에 별일이 없는 한 퇴근하기 무섭게 집으로 달려갔다. 그 바람에 술집 주인은 오랜 단골을 잃었다. 저녁을 먹고 앉아 재명은 낮에 만난 노동자들과 일을 얘기하고 혜경은 시민의 관심사를 얘기했다. 부부는 함께하는 시간이 쌓이면서 교감의 폭이 넓어지고 이해의 깊이가 깊어졌다. 노동자 재명은 시민의 언어와 사고에 익숙해지고, 시민 혜경은 노동과 노동자의 실상에 눈떴다.

계속되는 협박에도 불구하고
끝까지 싸웠다

1990년대 중반 들어 시민운동이 활발해진 가운데 재명도 성남시민모임 참여를 계기로 시민운동으로 활동 영역을 넓혔다. 노동 상담과 변호는 일개 회사, 그것도 보이는 상대와 싸우는 일이라서 할 만했다.

그러나 시민운동은 대개 권력형 비리에 맞서는 일이라서 상대는 거악으로 눈에 잘 보이지도 않거니와 강력하고도 무자비한 방어 수단을 갖고 있어서 때론 목숨을 걸어야 하는 일이었다.

안중근 의사가 "위태로움을 보거든 목숨을 주어라"고 한 말은 독립 투쟁을 이르는 말이겠지만, 시민운동의 권력형 비리 사건 추적도 그와 다르지 않다는 걸 재명은 뼈저리게 느꼈다.

2001년, 성남 분당에 파크뷰 특혜 사건이 터졌다. 백궁·정자지구 상업·업무용 토지를 주상복합아파트 건축이 가능하도록 주거용으로 용도를 변경한 후에 권력자들에게 특혜 분양을 한 사건이다. 포스코개발은 상업·업무용 토지인 백궁·정자지구에 아파트를 지을 수 없자 281억 원의 위약금을 물면서까지 땅을 포기했다.

사건은 이 땅을 소규모 토건업자 홍모가 매입에 나서 계약금 100억 원만 낸 다음 용도 변경을 추진하면서 시작되었다. 홍모는 SK의 보증으로 1,100억 원을 확보하고 1조 원 규모의 대규모 이권 사업을 독점했다. 누가 봐도 뻔한 수작이었다. 용도 변경 최종 인가권은 성남시장한테 있지만, 중앙 권력의 비호 없이는 불가능한 일이었다.

성남시민모임 집행위원장을 맡아 용도 변경 반대운동에 나선 재명은 배후를 파헤쳤다. 토건업자를 매개로 정·관계, 검찰, 경찰, 언론이 어우러진 거대한 이권 사슬이 작동했다. 파면 팔수록 썩은 내가 진동했다. 주위에서는 달걀로 바위 치기라며 다치기 전에 발을 빼라고 충고했다. 겁은 나지만, 그런다고 물러서면 이재명이 아니었다.

재명의 화살이 정확히 배후의 중심을 겨누자 먼저 회유가 들어왔다. 20억 원. 재명은 성남지역 노동자와 시민을 위한 민주 언론을 만드는 데 필요한 자금을 20억 원 정도로 잡고 있던 참이었다. 어떻게 알았는지 그 자금을 투자하겠다고 은밀히 제안해온 것이다. 재명은 이 사실을 즉시 공개하면서 자문하듯 농담 삼아 물었다.

"우리가 양심을 팔면 얼마를 받아야 할까요?"

가벼운 농담이 오간 끝에 재명이 웃으며 자답하듯 말했다.

"한 5,000억 원은 받아야 하지 않을까요? 그러면 전국에 우리 성남시민모임 같은 단체 200~300개 만들어서 마음껏 운영할 수 있겠지요."

어떻게 알았는지 비리 연루 세력은 이날의 농담을 각색하여 '이재명이 20억 원은 적다며 5,000억 원을 요구했다'는 소문을 퍼뜨렸다. 하지만 이걸 믿을 사람도 없거니와 재명은 아예 무시하고 지나갔다.

그러자 이번에는 협박으로 치고 들어왔다. 죽이겠다는 거였다. 1차 협박이 씨알도 안 먹히자 2차로 가족을 해치겠다고 협박했다. 그들은 사무실뿐 아니라 한밤중에 집으로도 전화를 걸어 협박했다. 재명의 아내에게 아이가 다니는 학교와 이름까지 대며 조심하라고 윽박질렀다. 조폭이 따로 없었다. 온 가족이 극도의 불안감으로 고통스러웠다. 경찰에 신고했지만, 소용없었다. 나중에 보니 경찰서 간부도 한 패였다. 신변에 위협을 느낀 재명은 허가를 받아 가스총을 사서 차고 다녔다.

그런다고 기죽을 재명이 아니었다. 재명은 계속되는 협박에도 불구하고 끝까지 싸웠다. 국정원 고위 간부의 폭로가 스모킹건이 되어 비리의 실체가 드러났다. 각계 유력 인사 백수십 명이 특혜에 연루되고 수백 세대가 사전 분양되었다. 토건업자와 성남시 공무원들이 특혜분양 혐의로 구속되었지만, 그건 꼬리일 뿐 용도 변경을 주도한 몸통은 털끝 하나도 건드리지 못했다.

몸통을 놔두고서는 비리의 뿌리를 뽑을 수 없다고 생각

한 재명은 한 발도 물러서지 않았다. 시민에게 돌아가야 할 개발부지의 혜택을 불법 용도 변경으로 한 줌 권력자들이 자기 배를 불린 짓은 국가 반역죄에 필적하는 대범죄다. 그런 자들이 계속해서 그런 짓을 하도록 놔둬서는 국가의 미래가 없을 터였다.

재명은 용도 변경 몸통을 추적하는 KBS-TV 〈추적 60분〉의 인터뷰에 응했다. 인터뷰 도중 성남시장으로부터 PD에게 전화가 왔다. 인터뷰 오는 중에 PD가 성남시장에게 전화를 걸었는데, 그때 받지 못하고 부재중 전화를 확인한 모양이다. 대뜸 자신이 파크뷰 수사 담당 검사라고 속인 PD는 솔직히 털어놓아야 선처할 수 있다면서 내막을 상세히 캐물었다. 성남시장은 체념한 듯 상세히 털어놓았다. 옆에서 지켜보던 재명은 'PD나 기자들이 사실을 캐내려고 저런 속임수도 쓰나 보다' 여겼다.

며칠 뒤 방영된 〈추적 60분〉에는 성남시장의 녹취 음성도 포함되었다. 재명은 PD한테서 이 녹취 원본 파일을 받아다가 기자회견장에서 원본 그대로 틀어버렸다. 비리 권력 카르텔이 화들짝 놀라서 벌집을 쑤신 듯 왱왱거렸다. 성남시장은 PD와 이재명을 고소하고, 검찰은 검사 사칭 공동 정범으로 PD와 이재명을 기소했다. 검찰은 이재명이 검사 사칭과 아무 관계가 없다며 성남시장을 맞고소한 바도 무고가 된다고 겁박했다. 검찰은 두 사람을 벌금 150만 원에 약식 기소했다. 권력을 쥔 자들이 본분을 망각하고 부패하면 그 사회는 이처럼 적반하장의 행패가 일상으로 벌어진다.

왜 검찰이 이렇게 적반하장의 태도를 보였는지는 당시 언론 보도만 봐도 그 이유를 알 수 있다.

> 최근 특혜분양에 판·검사가 포함됐다는 소식에 시민단체들은 "수사 진척이 전혀 없었던 이유를 이제는 좀 알 것 같다"고 입을 모았다. 성남시민모임 관계자는 "지난해 백궁·정자지구 특혜의혹이 제기되면서 수사기관 직원들이 파크뷰 시공자인 홍모 씨가 운영하는 분당 S 골프연습장에서 무료로 골프를 치곤 했다는 주민제보도 접수됐다"며 "이때부터 수사기관 직원들의 연루 가능성을 배제하지 않고 있었다"고 말했다.
>
> 실제로 검찰은 파크뷰 특혜의혹과 관련해 지난해 6월 주민들이 제기한 용도 변경 등과 관련된 비리 제보에 건설업체와 일부 관계 공무원들을 몇 차례 소환 조사한 뒤 별다른 혐의점을 찾지 못했다며 사건을 종결했다. 여론조사 의혹이나 정치권 유착 등에 대해서도 마찬가지로 침묵했다. 그러나 검찰은 백궁·정자지구 관련 의혹이 꼬리를 물자 지난해 11월 재차 수사에 착수, 지금껏 '수사 중'이란 팻말만 내걸고 있다.

성남시민모임 이재명 변호사는 "당시부터 수사기관 직원들이 개입됐다는 제보와 의혹이 나와 수사가 쉽지 않으리라 전망했다"며 "정치자금 조달과 관련됐다는 주장이 있는 만큼 특별검사제 도입도 고려해 볼만하다"고 밝혔다.[15]

---

[15] 서울신문, 2002년 5월 6일, 윤상돈 기자.

"안 되면 우리가 합시다!"
정치 혁명이 필요한 현실 자각 2006

이것이 우리 정치의 수준이고 현실

　거대한 토건 이권 카르텔과 1년 넘게 전쟁을 치르느라 기진맥진한 재명은 얼마 동안이라도 푹 쉬고 싶었다. 그러나 세상에는 '우리 변호사'가 절박하게 필요한 사람들로 넘쳤다. 기다리기엔 하루가 10년인 듯 다급하고 억울한 사람들이다. 그래서 하루도 온전히 쉴 틈을 내시 못하고 사람들 틈에 묻혀 살아야 했다.

　그런 가운데 성남시민들한테 큰 문제가 터졌다. 성남병원과 인하병원. 성남에서 가장 큰 병원이자 응급의료기관 역할을 하는 두 곳이 폐업하게 생겼다. 구도심 지역 50만 시민이 이용하는 병원들이다. 이 두 병원이 폐업하면 분초를 다투는 중증 위급 환자를 분당이나 서울까지 이송해야 한다. 그런데도 성남시청과 시의회는 수수방관하고 애먼 시민들만 속을 태웠다. 폐업 철회 여론이 비등했지만, 인하대는 물론이고 시 당국조차 무반응으로 일관했다. 인하병원 자리에는 아파트가 들어선다고 했다.

그러자 참다못해 시민들이 나섰다. **성남시립병원설립 범시민추진위원회가 꾸려지고 성남시민모임이 그 중심에 섰으니, 또 '이재명의 시간'이 이재명을 기다렸다.** 재명이 추진위원회 대표를 맡자 변호사 사무실은 물론이고 노동상담소 상근자들까지 모두 이 일에 빨려들었다.

시립병원을 설립하려면 시의회에서 근거 조례를 제정해야 하지만, 시장과 시의원들은 예산 타령만 하며 손 놓고 있었다. 그래서 재명은 사상 처음으로 주민 발의 조례 제정에 나섰다. 그런 조항이 있는 줄도 몰랐을 시 당국이나 의회는 재명을 비웃으며 '존재감이나 좀 과시하다 말겠지' 여겼다. 그들은 재명을 몰라도 너무 몰랐다. 안 될 일은 애초에 시작하지도 않는 사람이라는 걸 모른 것이다. 그러나 재명을 지지하는 한 시민은 진작 알고 있었다. 김혜경이다. 그는 남편이 이 일의 책임을 맡았다고 했을 때 일찍이 남편이 맡겼던 일기장에서 가슴 아팠던 한 대목을 떠올렸다.

"병원에 가서 진단하는데 우선 1,000원을 들여 접수했다. 진단하더니 진단서 비용 2만 원 말고도 X-선비 1만 8,000원을 따로 수납하라고 했다. 그래서 확 집어던져 버리고 나와버렸다. 다른 병원에도 전화를 걸어봤지만, 거기는 취급하지 않는다고 해서 단념했다."

1982년 5월 12일의 일기다. 재명이 대학 1학년 때 일주일간 문무대 입소 훈련을 받아야 했는데, 팔이 아픈 재명에게 교련 교관이 증빙 진단서를 떼오라고 한 그날의 일을 기록한 것이다. 그 서류 비용 3만 9,000원이면 봉제 공장에 다니는 여동생 재옥의 한 달 월급이다. 재명은 진단서 제출을 포기하고 굽은 팔로 일주일 군사훈련을 받았다.

한겨울 눈보라가 휘날리는 길거리에서 주민 발의 참여자 모집 운동이 펼쳐졌다. 성남시민모임과 변호사 사무실 직원들이 밤늦도록 행정 지원을 하는 가운데 재명은 매일 새벽까지 사무실에 남아 일을 봤다. 3주 만에 주민 발의자 18,595명을 모집하여 '주민 발의 조례'를 시에 접수했다. 지지 서명에는 시민 20만여 명이 참여했다. 시립병원 설립이 시민들에게는 그만큼 절박하다는 걸 보여준 것이다.

2004년 2월 5일, 조례안이 입법 예고된 가운데 시립병원 설립추진단이 결성되어 대대적인 조례 제정 운동이 벌어졌다. 시민들의 뜨거운 호응이 2004년 성남의 겨울 추위를 녹였다. 3월 24일, 시민들의 기대감이 최고조에 오른 가운데 '지방공사 성남의료원 설립 및 운영 조례안'이 시의회에 상정되었다. 시민대표 30명이 참관인으로 시의원들을 지켜보았다.

조례안을 상정한 지 1분도 안 되어 의장이 '심의 보류'를 선포했다. 통과 여부는 고사하고 심의조차 하지 않겠다는 처사로, 시민의 응집된 열망을 너무도 간단히 쓰레기통에 처박아버린 것이다. 저런 자들이 시민의 대변자라니, 다들 경악과 충격에 빠져 말을 잃고 침묵했다. 이윽고 시민들이 회의장으로 들어가 울분을 터뜨리며 항의하자 시의원들은 줄행랑을 놓았다. 이것이 우리 정치의 수준이고 현실이다.

시의원들은 도망친 것도 모자라 조례안 심의 보류에 항의한 시민들과 이재명을 특수공무집행방해 혐의로 고발했다. 재명은 500만 원 벌금형을 받아 지지난해 파크뷰 특혜 사건 때의 150만 원 벌금형에 이어 전과 2범이 되었다.

"안 되면 우리가 합시다"

재명은 이 일을 겪으면서 시민운동의 한계를 절감했다. 권력의 사슬에 똬리를 틀고 앉은 저들이 이권의 대오로 똘똘 뭉쳐 시민의 염원을 모른 체해버리면, 더욱이 부패와 비리를 감시하고 들춰내는 시민운동이나 민주 언론에 불법의 굴레를 씌워 재갈을 물리면 별수 없게 되었다. 그래서 골똘히 정치를 생각했다. 시민운동의 역량을 제도 정치로 끌어들여 정치 혁신을 하면 어떨까, 스스로 묻고 또 물었다. 재명은 진정한 정치란 공학이나 술수가 아니라 인간학이라고 믿었다. 정치는 인간이 하는 일이니, 그 완성도 인간학이어야 한다고 믿었다.

조례안 파동이 있고 나서 얼마 후 인하병원 노조부위원장 정해선이 재명을 찾아와 울었다.

"이 변호사님, 우리 이제 어떡하면 좋을까요?"

재명이 오래 생각하여 이미 결심한 듯, 나직하지만 단호한 어조로 말했다.

"우리가 만듭시다. 시장 하자고요. 저 쓰레기들 몰아내고 시장 해서 병원 만듭시다."

이재명의 정치 선언이었다. 그러나 이재명 개인 즉 '나의 정치'가 아니라 뜻을 함께해온 시민 모두 즉 '우리의 정치'를 하자는 것이다. 이재명은 KBS-TV 인기 프로그램 〈인간극장〉 출연을 거절했을 정도로 유명인이 되기 싫어서 정치할 생각이 없었지만, 구제 불능의 현실 정치판이 그를 정치로 끌어들였다.

이재명의 정치참여 선언 일성은 거창하지도 화려하지도 장엄하지도 않았다. 그가 살아온 인생과 그가 사유해온 상식이 응축된, 소박하지만 절박한 소망이었다.

"안 되면 우리가 합시다."

역강부약 대동세상에서

우리 모두 함께하는 그날까지!

02

누가 왜 이재명을 두려워하는가?

이재명의 전쟁

이유 불문하고 이재명 죽이기. 이것이야말로 저들이 사는 이유요, 존재 이유가 되어 버렸다. 그러나 저들이 모르는 게 있다. 그것은 저들로서는 치명적이다. 이재명이 얻고자 한 것은 비전에 따라 일할 수 있는 권한이지 군림하는 자리나 권력이 아니다. 그에게는 어떤 자리나 권력은 공동체의 더 나은 삶을 위해 더 가치 있게 일하는 수단이지 그 자체로 목적인 적은 한순간도 없었다.

왜 민주주의는 이재명 앞에서 멈추나?
'이재명만 아니면 된다'는 반민주적 논리의 기원

〽️

"아무 때나 쓸 수 있는 편리한 해결책"

'전가의 보도'라는 게 있다. 그야말로 자자손손 전해 내려오는 보검을 말한다. 일본은 사무라이의 나라답게 검을 숭상하여 전국시대부터 전가의 보도를 가진 가문이 꽤 많았다. 사전상의 의미로 따지면 일본에서 비롯한 말이다.

전가의 보노가 우리나라에 와서는 '아무 때나 쓸 수 있는 편리한 해결책'으로 변용되었다. 이후 '잘 듣지도 않는데, 잘 듣는 양 휘두르는 상투적인 논리나 방책'이라는 뜻에 더해 '지나치게 반복 사용한다는 비아냥'의 어감을 품게 되었다.

한국의 우익 정치는 '빨갱이'를 전가의 보도로 삼아 오늘날에 이르렀다. 100년에 걸친 레드 콤플렉스의 역사다. 이승만도 박정희도 전두환도 정적들을 제거하는 데 '빨갱이'를 전가의 보도로 휘둘렀다. 대표적인 피해자가 김대중이다. 인터넷도 없던 시절, 언론을 장악한 박정희 정권은 김대중을 빨갱이로 몰아 정치적 이득을 취했다. 전두환은 제 손으로 군대를 보내 5.18 광주 시민을 학살하고도 뻔뻔하게 언론을 동원하여 '빨갱이 소행'으로 선전했다.

친일 부역 세력에 뿌리를 둔 우익 세력은 정치적 고비 때마다 간첩 사건으로 위기를 벗어났다. 그 사건들은 대부분 조작이었다. 민주화 이후 재심을 통해 줄줄이 무죄 판결을 받은 것이 조작의 증거다. 김대중은 이 지독한 빨갱이 프레임을 이겨내고 끝내 대통령이 되어 실질적인 민주주의를 진전시키고 남북 화해와 평화 통일의 초석을 마련했으며 IT 강국의 뼈대를 세웠다. 김대중을 빨갱이로 몰아세우거나 협조한 자들도 그 혜택을 오지게 누렸다. 그러고도 여태 미안하다는 사과의 말 한마디를 하지 않는다.

김대중이 빨갱이 프레임에 시달렸다면, 이재명은 국민의힘을 비롯한 우익 세력이 전가의 보도로 휘두르는 범죄자 프레임에 시달린다. 이른바 '사법 리스크'다. 윤석열도 대통령 취임 이후 줄곧 이를 적극적으로 활용했다. 여소야대 정국에서 대통령이 야당 대표에게 먼저 고개를 숙여 협조를 구해도 모자랄 판에 수차례에 걸친 야당 대표의 회담 제안을 "범죄 피의자와 만날 수 없다"며 거절한 것은 정치를 포기하는 대신 앞으로 쭉 '이재명 범죄자 프레임'을 전가의 보도로

삼아 정치적 이득을 취하겠다는 선언이나 다름없었다.

실제로 윤석열은 취임 후 탄핵 소추로 직무가 정지되기까지 '이재명 범죄자 만들기'에 골몰한 것 말고는 아무것도 한 게 없다. 윤석열은 임기 834일 동안 이재명에 대해 검찰의 핵심 인력 70여 명을 동원해 376회의 압수수색과 6번의 소환조사를 벌였다. 그야말로 먼지 한 점까지 탈탈 털었다. 그러고도 뚜렷한 범죄 증거를 못 찾아 법적 처벌이 어렵게 되자 급기야는 이재명을 반국가세력의 수괴로 몰아 죽이려고 비상계엄령을 발동했다가 제 발등을 찍었다.

일각에서는 윤석열 내란의 스모킹건으로 명태균 파일을 지목하지만, 수사기관과 언론을 동원한 전방위적인 공격에도 불구하고 이재명이 원내 제1당의 대표가 되도록 그를 제거하지 못한 초조감이 내란을 불렀으리라는 분석이 중론이다. 물론 명태균 파일이 내란 감행을 앞당긴 섬은 있다.

국민의힘 역시 윤석열의 '이재명 범죄자 만들기' 선언에 부합하여 불리한 사안에 직면할 때마다 이재명 범죄자 프레임을 전가의 보도로 써먹었다. 채 상병 특검법도 김건희 특검법도 '이재명 방탄용'이라며 반대했다. 지난해 치러진 4.10 총선 역시 정권심판론에 맞서 이재명 심판론을 내세웠다. 심지어는 윤석열 정권의 무능과 계엄령으로 망친 경제조차 이재명 탓을 한다. "이재명이 망친 경제, 국민의힘이 살리겠습니다"라는 국민의힘 공식 플래카드가 전국 도시 네거리마다 걸렸다. 사정을 모르는 외국인들이 보면 이재명이 대통령이고 민주당이 여당인 줄 알 것이다. 그렇지 않고선 저 논리는 설 자리가 없다.

윤석열의 계엄령 자체를 옹호하는 사람들은 그렇다 쳐도 '계엄령은 잘못되었는데 이재명이 대통령 되는 꼴은 볼 수 없어 탄핵에 반대한다'는 반민주적인 논리는 맹목적인 이재명 죽이기 말고는 설명할 길이 없다.

1971년 김대중이 신민당 후보로 대통령에 출마한 이후 30년간 박정희를 비롯한 우익 세력은 '빨갱이 김대중'으로 먹고 살았다. 그들은 2010년 이재명이 성남시장에 당선된 이후 25년간 '범죄자 이재명'으로 먹고 산다. 박정희는 산업화라도 했다지만, 이명박 정부 이래 저들은 국정을 말아먹은 데다가 '이재명 범죄자 만들기' 말고는 할 줄 아는 것도, 한 것도 없다. 그러고도 이 나라가 망하지 않고 지금껏 유지된 것이 신기할 정도다.

검찰은 온통 이재명 죽이기에 매달렸다

윤석열의 계엄령 폭탄은 저들이 염원해 마지않던 대로 이재명 '사법 리스크'가 가시화된 시점에서 터졌다. 공직선거법 위반 1심 재판에서 징역형을 선고받은 이재명은 이대로 3심까지 확정될 경우 국회의원직을 잃게 되고 2027년 대선에 출마할 수 없게 된다. 다른 사건 선고에서도 유죄 판결이 나온다면 이재명은 더 벼랑 끝으로 내몰릴 상황이었다. 윤석열의 계엄령으로 우익 세력이 소망하는 가능성이 일시에 삭제되었다.

저들로선 땅을 칠 노릇이었을 테다. 윤석열 부부로서는 막다른 골목에 몰린 나머지 자살골이 될지라도 총선 패배 후 최후의 수단으로 상당 기간 준비해온 비상계엄령 카드를 더는 아낄 수 없게 되었다. 명태균이 녹취 파일을 공개하겠다고 예고한 날 그 전날 밤에 서둘러 계엄령을 발동하고 '반국가세력'으로 규정한 정적들과 비판적인 언론 및 시민을 '수거하여 폭살'하려 한 정황이 모든 것을 말해준다.

이러기까지 저들의 이재명 죽이기 수법은 악랄함을 넘어 치졸하고 더럽기 짝이 없었다. 또 지독하게 집요하고 끈질겼다. 본질적인 이유는 단 하나다. 이재명 정부가 들어서면 자기들 기득권의 밥그릇을 제일 많이 뺏길 것 같은 위기감 때문이다. 적어도 지금껏 부패의 사슬을 타고 제한 없이 누려온 제 밥그릇 불리기를 더는 못하게 될 것이 분명하기 때문이다.

저들은 온갖 지저분한 이미지를 씌울 수만 있다면 '카더라

통신'으로 이재명을 융단폭격했다. '아니면 말고' 식이다. 김혜경 여사가 쓰러져 병원에 입원하자 '이재명이 폭행했다'는 낭설까지 무차별적으로 유포했다. 조폭 자금을 받았다는 둥, 아들이 화천대유에 취직했다는 둥, 공원 벤치에 신발을 신은 채로 올라 연설을 했다는 둥, 식당에서 연설하기 위해 아이를 밀쳤다는 둥 별의별 낭설이 SNS는 물론 언론 보도를 통해서도 사실인 양 널리 유포되었다.

지난 2022년 대선에서 범죄자 프레임으로 이재명을 떨어뜨려 재미를 본 저들은 이재명 죽이기를 그만두지 않았다. 윤석열이라는 칼까지 쥔 마당에 이재명을 아예 죽이려고 작정한 듯 더욱 극악해졌다.

검찰은 온통 이재명 죽이기에 매달렸다. 한강 모래사장에서 바늘 하나 찾는 격으로, 공권력의 유례없는 낭비도 개의치 않았다. 2022년 10월, 검찰은 김용 민주연구원 부원장을 불법 정치자금 수수 혐의로 구속기소했다. 그해 12월에는 정진상 민주당 당대표실 정무조정실장을 구속한 데 이어 이듬해 1월에는 이재명 대표를 서울중앙지검 포토라인에 세움으로써 저들이 원하는 그림을 그렸다. 이재명이 검찰에 출석해 제출한 대장동 의혹 관련 33쪽 분량의 진술서에는 저들이 이재명을 억지로 엮어 넣으려다 자기부정에 빠진 모순이 명백하게 드러나 있다.

검찰은 이재명이 투기 세력과 결탁하거나 일정한 지분을 받기로 약속한 것으로 몰아갔지만, 대장동 부정 혐의 관련자들의 번복된 진술 외에는 어떤 근거도 대지 못했다. 이재명은 시종일관 흔들림 없는 논리와 근거를 통해 '투기 세력으로부터 시민의 정당한 이익을 지켜내려고 노력했을 뿐 어떤 부정 행위에도 관여한 사실이 없음'을 분명히 밝혔다.

검찰은 또 이재명이 성남시장 재직 시절 성남FC 후원금 수수 혐의가 있다며 조사했다. 이재명은 이에 대해서도 명확하게 해명했다. 기업들이 성남FC에 지급한 돈은 무상으로 받은 후원금이 아니라 광고 계약에 따라 성남FC가 실제 광고를 해주고 받은 돈으로, 두산에서 3년간 58억 원, 차병원에서 3년간 33억 원, 네이버에서 2년간 40억 원을 광고비로 받았다고 밝혔다.

두산건설이 대구FC에 2년간 50억 원, STX조선이 경남FC에 5년간 200억 원을 광고비 명목으로 후원한 예에 비교해봐도 성남FC 광고비는 통상적인데 유독 성남FC 광고비만 문제 삼는 건 누가 봐도 형평을 잃은 처사로 이재명 죽이기 말고는 달리 설명할 길이 없다.

검찰은 두산건설 부지 용도 변경에 대해서도 후원금의 대가라며 문제 삼았는데, 그 부지는 20년 가까이 흉물로 방치되어 민원이 끊이지 않았다. 이런 부지의 용도를 변경해주고 용적률을 상향한 대신 301평을 기부채납 받고, 두산 계열사 7개를 유치한 데다가 흉물 민원을 해결하기까지 한 게 무슨 문제인지를 묻자 이에 대해서도 검찰은 반론하지 못했다. 구체적인 증거 하나도 확보하지 못한 채 카더라 통신에만 의지해 제1당 대표를 소환 수사하는 건 검찰로서도 유례없는 일이었다.

도둑놈들 장물을 찾아와
성남을 살린 게 죈가

탐욕의 카르텔, 대장동 개발에 얽힌 진실

〽️

명백한 수치로 증명된 이재명의 성과

토건 비리 카르텔이 이재명을 대장동 개발 비리에 엮어 제거하려 한 이유는 하나다. 자기들이 훔쳐서 나눠 먹기로 모의한 돈을 이재명이 찾아다가 성남시민에게 돌려줬기 때문이다. 변방의 하찮은 개털이 겁도 없이 감히 범털을 건드린 데 대한 응징이다.

이재명은 2006년 성남시장 선거에 출마하여 낙선했지만, 이때부터 정치의 길로 들어섰다. 그가 다음 2010년 성남시장 선거에서 당선되어 부임하고 보니 시가 떠안은 빚이 7,000억 원에 이르렀다. 그 이자만 해도 수백억 원이다. 다른 사업 예산을 아무리 줄이고 체납 세금을 아무리 더 많이 추적하여 징세를 늘려도 이 빚더미를 떠안은 채로는 그가 구상한 시민복지 사업은 추진하기 어려웠다. 우선 이 빚을 갚는 일이 무엇보다 시급했다.

2010년 7월 12일, 이재명은 성남시장 취임 직후 시의 재정 상황을 파악하고는 곧바로 지자체 최초로 모라토리엄을 선언했다. 전임 집행부가 판교신도시 조성을 위한 판교특별회계에서 빌려 쓴 5,400억 원을 당장 갚을 수 없다고 선언하고 나서 지방채 발행과 긴축재정을 통해 연간 1,500억 원씩 3년간 연차적으로 상환하겠다고 밝힌 것이다. 그러고는 되도록 신속히 모라토리엄을 해제하기 위해 가능한 모든 수단을 강구하여 실행했다. 그해 1차 추경에서 1,207억 원을 절감하고, 지방채 839억 원 발행을 승인받았으며, 500억 원을 추가로 절감했다. 애초 계획대로 그해에만 1,500억 원의 빚을 갚았다.

이재명은 전임 집행부 때 이미 시작된 대장동 도시개발 사업을 들여다보았다. 거기 도둑질해온 시민의 돈을 무더기로 쌓아놓고 도둑놈들끼리 몰래 나눠먹을 궁리를 하는 징후가 포착되었다. 이재명은 이 돈을 되찾아와 시민에게 돌려주기로 결심했다. 대장동 일대는 천혜의 요지이지만, 그린벨트로 지정되어서 아무도 손대지 못하는 땅이다. 여기에 LH(한국토지주택공사)가 도시개발계획에 착수하면서 대장동 땅값이 하늘을 찌를 듯이 치솟았다. 그런데 이재명이 시장으로 부임하기 3개월 전에 LH가 돌연 사업권을 포기했다. 대략 수천억 원이 넘는 개발이익을 포기한 이유는 뭘까? 개발사업에 기본 상식만 있어도 알 만한 답을 이재명이 모를 리 없었다. **공영개발이라는 명분으로 그린벨트를 풀어 확보한 사업권을 민간에 넘겨 그 편법에 가담한 도둑놈들끼리 개발이익을 나눠먹으려는 수작이 훤히 보였다. 성남시민에게 돌아가야 할 돈이 몽땅 개발업자와 정관계 비리 인사들의 배만 불리게 될 참이다. 이걸 이재명이 시장에 당선되는 순간 못하게 생겼으니, 지방선거를 앞두고 서둘러 훔쳐먹을 일을 진행한 것이다.**

이재명은 참모들과 개발이익 환수 방안을 모색했다. 우선은 LH가 민간에게 넘기려는 개발권을 다시 공영개발로 돌려놓아야 했다. 참모들은 이건 파크뷰 비리와는 비교도 안 될 만큼 배후 권력이 너무 막강해서 감당할 수 없다며 말렸다. 하지만 차라리 몰랐으면 모를까, 이미 다 알아버린 이상 말린다고 그만둘 이재명이 아니었다.

세상에 쉬운 전쟁은 없겠지만, 이권 카르텔과의 전쟁만큼 어려운 전쟁은 드물 것이다. 걸린 이권이 크면 클수록 그에 연루된 권력도 막강하기 때문이다. 파크뷰 사건 때처럼 먼저 로비의 검은 손길이 뻗쳤다. 하다못해 초등학교 동기와 돌아가신 아버지 친구까지 앞세웠다. 로비가 통하지 않자 야비한 음해와 협박이 이어졌다. 이런 식의 압박이야 이재명에게 통할 리 없지만, 성남시와 같은 기초자치단체는 자체로 개발사업을 추진할 수 없다는 게 문제였다. 기초자치단체는 광역자치단체와는 달리 산하 개발기관이 없기 때문이다. 그래서 이재명은 이참에 성남도시개발공사(SDC)를 설립하고, 되찾아온 대장동 개발사업을 맡겼다. 이로써 이재명은 5,500억 원의 개발이익을 성남시민에게 돌려줄 수 있었다. 이 과정에서 대장동에 얽힌 비리 사슬도 드러났다. 99억 원을 횡령하여 뇌물로 사용한 개발업자, 13억여 원을 받아 챙긴 LH 본부장, 지역 국회의원 동생 등 비리 연루자들이 고구마 덩이처럼 딸려 나와 구속되었다.

 2014년 1월 27일, 시의 남은 빚 5,731억 원을 현금으로 갚은 이재명은 3년 6개월 만에 모라토리엄을 졸업함으로써 전임자가 망친 시의 재정을 정상으로 돌려놓았다. 행정안전부는 2013년도 지방재정종합평가에서 성남시를 우수기관으로 선정하고 기관 표창과 함께 교부세를 성과급으로 수여했다. 임기 내내 이재명을 괴롭혀온 이명박 정부지만, 명백한 수치로 증명된 이재명의 성과를 인정할 수밖에 없었다.

부패즉사 청렴영생

이재명은 공직자로서 당연히 할 일을 했지만, 그럴수록 권력을 사유화한 비리 세력의 적의를 키우고 사방에 적이 늘어났다. 저들은 시민의 밥그릇을 훔쳐 부른 배를 더 불리려는 탐욕의 화신으로 승냥이보다 더 사납고 음험했다. 없는 죄도 만들어 붙이는 자들이니 만약 이재명이 털끝만큼이라도 허점을 보였다간 여지없이 달려들어 넘어뜨리고 물어뜯을 게 불 보듯 훤했다.

크건 작건 권력이 있으면 그 주변에 이권을 노리는 자들이 들끓게 마련이다. 당사자야 눈을 크게 뜨고 이들을 차단하면 그만이지만, 가족과 친인척은 늘 약한 고리다. 이재명 이전의 전임 시장 셋이 연루된 가족·친인척과 함께 모두 비리 혐의로 구속되었다. 이처럼 비리 카르텔을 이뤄 시로 밀어주고 끌어주고 덮어주며 이권을 나눠먹던 자들도 모든 걸 다 덮지 못해 쇠고랑을 차는 마당에 사방에 적들로 포위된 이재명이야 말할 나위 있겠는가.

이재명의 형제들은 이재명이 시장이 된 뒤에도 없는 듯이 살았다. 큰형은 건설노동자로 일하다 추락사고로 한쪽 다리를 잃어 큰형수가 세차로 살림을 꾸렸다. 누나는 여전히 요양보호사로 근무했다. 둘째 형은 시장이 된 동생에게 부담이 될까봐 다니던 주방가구 회사를 그만두고 청소업체로 이직했다. 야쿠르트 배달 일을 하던 여동생 재옥은 배달 수익이 줄어 다른 일을 알아보다가 오빠가 시장이 되자 남들 오해를 살까봐 배달 일을 그만두지 못했다.

그런데 뜻밖에도 셋째 형 재선이 여러모로 문제를 일으켰다. 검정고시에서 대학 그리고 국가자격증 취득까지 공부 인생의 고락을 함께해온 살갑고 애틋한 형이었다. 공인회계사로서 형제 중 제일 먼저 경제적 안정을 이뤄 남부러울 것 없는 형편이었다.

그런 형이 정신적 균형을 잃고 이재명 가족의 골칫거리가 되고 말았다. 저들은 이 아픈 형을 이용하여 이재명을 공격하고 끈질기게 괴롭혔다. 정치가 아무리 권모술수 판이라지만, 가족의 상처를 물어뜯는 건 차마 인간이 할 짓이 아닌데도 저들은 개의치 않았다.

이재명은 시장 취임 이후 직원교육 때마다 "밥 한 끼, 술 한 잔쯤 괜찮겠지 하다가 자기도 모르게 엮여 패가망신한다. 검찰이 즐겨 노리는 먹잇감이 공무원 비리다. 명성을 쌓기 좋은 데다가 고과평점도 높기 때문이다. 돈이 마귀다. 관청 주변에는 그 마귀가 천사의 얼굴을 하고 돌아다닌다. '부패즉사 청렴영생', 이 여덟 글자를 아침저녁으로 주문처럼 외워야 마귀

한테 안 먹힌다"고 신신당부했다.

그는 부정부패 근절 조치와 함께 공무원들이 부당한 압력과 간섭 없이 소신껏 일할 수 있는 환경 조성에도 힘썼다. 어떤 압력이나 청탁도 곧바로 시장에게 직보하도록 하는 한편, 익명으로도 신고하도록 개인 이메일 주소와 전화번호까지 공개했다.

가족의 불행까지 이용하는 정치는 무엇을 위한 것일까?

이재명의 불행한 가족사, 이재명 욕설에 얽힌 진실

저들의 첫 번째 작전은 '종북몰이'

　이재명이 성남시장이 되자 공인회계사로 일가를 이룬 셋째 형 재선이 성남시 관내 한 대학의 교수로 밀어달라며 자리를 청탁했다. 그러나 그건 시장이 할 수 있는 일이 아니고, 해서도 안 되는 일이었다. 이재명은 형제 중에서 살림도 제일 넉넉하고 공인회계사라 노후 걱정도 없는 처지에 굳이 불법을 감수하면서까지 헛된 명예를 탐하는 형이 안타까웠다. 어렵게 사는 다른 형제들을 돕지는 못할망정 피해를 주거나 부끄럽게 살지는 말아야 할 것 아닌가.
　시장인 동생이 청탁을 거절하자 형이 시 감사관에게 청탁을 넣었는지 보고가 올라왔다. 이재명은 '아예 못 들은 것으로 하라' 엄명하고는 시청의 모든 인적 통로를 형으로부터 철저하게 차단했다. 게다가 소문으로라도 나도는 형의 시정 개입 의심 건은 원천 봉쇄했다. 동생이 아예 만나주지도 않자 형은 애먼 시청 공무원들을 끈질기게 괴롭혔다. 이에 이재명은 시청 직원들 모두에게 시장의 가족·친인척의 접촉은 물론 통화까지 금지하도록 지시하고, 시장실로 걸려오는 형의 전화까지 차단했다.

급기야 이재선은 시장실 앞에서 시장 면담을 요구하며 1인 시위를 벌였다. 제정신으로는 벌일 수 없는 행동이었다. 이재명은 형의 병증이 염려스럽기도 하고 직원들 보기도 부끄러웠다. 진작부터 이재명을 눈엣가시로 여겨 제거하려 혈안이 된 이명박 정권이 이런 기회를 놔둘 리 없었다. 정보기관을 동원하여 이재명 퇴출 대책 보고서까지 작성한 터였다.

이재명의 아픈 형을 이용한 저들의 첫 번째 작전은 '종북몰이'였다. 알고 보면 참 우습기도 하고 어처구니없기도 하고 그렇게까지 하는 저들이 불쌍하기도 하다. 성남시가 청소 용역 하나를 '나눔환경'이라는 사회적 기업에 맡긴 게 종북 행위라는 것이다. 나눔환경 조합원 70여 명 가운데 2명이 통진당원 출신이라는 게 그 이유였다.

이재명이 와서 보니 성남시에서 청소 용역을 주는 곳이 16군데인데, 그 하나의 권리금이 20억 원이었다. 환경미화원에게 지급해야 할 월급 중 40만 원을 중간에서 떼가는 업체는 다달이 수천만의 수익을 내고 있었으니 막대한 권리금이 붙은 것이다. 비리 세력이 결탁하여 황금알을 낳는 닭을 만들어 나눠먹어온 것이다.

이에 이재명은 계약서상의 용역업체 이윤 외에 환경미화원 월급은 전액 그대로 지급하는 조건을 걸어 입찰 공고를 내고 선정 방식도 공개 경쟁 심사로 변경했다. 제 월급을 받게 된 환경미화원은 물론이고 공정한 기회 보장을 원하던 업체들은 크게 반겼지만, 짬짜미로 해먹던 이권 카르텔은 이를 갈았다. 이렇게 공개 경쟁 심사를 거쳐 선정된 업체 중 하나가 나눔환경이다.

저들의 사주를 받은 이재선이 "종북 시장은 간첩 30명과 함께 구속될 것"이라며 이재명 퇴진운동에 앞장서는 가운데 한 유력 언론은 사흘 동안 12개의 종북몰이 기사를 쏟아냈다. 이에 이재명은 하나하나 사실 관계를 적시해가며 저들의 종북 프레임을 무너뜨렸다.

나눔환경을 사회적 기업으로 선정한 기관은 성남시가 아니라 김문수 지사의 경기도이며, 청소 용역 심사에 참여한 새누리당 소속 시의원이 이 업체에 최고 점수를 줬다. 게다가 청소용역비는 중앙 정부와 경기도가 대부분 지원하고 성남시의 의무부담금은 전체의 14%에 불과하다. 그러므로 그 업체를 선정한 성남시장이 종북이라면 그 업체를 사회적 기업으로 선정해 수억 원의 지원금을 현금으로 준 새누리당 소속 대통령과 경기지사는 공작금을 살포한 고정간첩으로 보는 것이 맞다.

이재명의 이 '고정간첩' 업어치기 한판으로 게임아웃이었다. 저들은 어설프게 색깔론을 꺼내 들었다가 본전도 못 찾았다.

저들은 이재선을 이재명 잡는 꽃놀이패로 써먹다가 버릴 속셈이었다. 성남시의회 의장 선출에 개입하려는 의도로 새누리당 의총장에 들어갔다가 수모만 당하고 쫓겨난 것만 봐도 저들이 이재선을 어찌 생각하는지는 불 보듯 훤했다. 그런데 이재선은 그것도 모르고 '박사모(박근혜를 사랑하는 모임)'에 들어가 활동하는 등 동생을 곤란하게 하는 언행을 그치지 않았다.

이재선은 동생은 물론이고 시청 그 누구도 상대해주지 않고 전화까지 차단하자 이재명의 친구인 이영진에게 전화를 걸어 동생 욕을 해댔다. 이영진은 이마저도 차단할 수 없어 한 시간이고 두 시간이고 그 욕을 다 들어주었다. 이영진은 그가 친구 형이지만, 불쌍한 사람이라고 했다. 그래서 이재명에게 그 통화 내용을 한마디도 전하지 않았다.

전문 정치 기획자의 냄새가 짙었다

　이재선은 동생 재명에게 아무리 치대봤자 소용이 없다는 걸 알고, 수년째 찾아뵙지도 않은 어머니를 불쑥 찾아갔다. 그러고는 대뜸 어머니가 살던 집을 팔아 주변을 정리하고 노후 자금으로 남겨둔 5,000만 원을 빌려달라고 했다가 거절당하자 차마 입에 담기 민망한 욕을 퍼붓고는 다른 형제들과도 영영 멀어졌다. 이후로는 아버지 제사에도 오지 않고 가족과는 등지고 살았다.

　그러던 이재선은 다시 어머니를 찾아가 폭언을 퍼붓는 등 행패가 날로 심해졌다. 어느 날은 재선 부부가 찾아가 어머니를 괴롭히는 중에 재선이 어머니를 폭행하는 패륜을 저질렀다. 어머니의 집과 다니는 교회를 불 질러 다 죽이겠다는 협박에 이어 "내가 나온 **구멍을 찢어 죽이고 싶다"는 차마 입에 올릴 수조차 없는 쌍욕을 해댄 것으로도 부족했는지 어머니를 마구 때리고 살림을 깨부순 것이다. 여동생 재옥과 막내 재문은 어머니를 지키려다 재선에게 얻어맞고 울었다. 손수 운전해서 남편을 어머니 집으로 데려온 형수는 남편의 패악질을 말리기는커녕 부추기기까지 했다니, 부부가 별반 다를 게 없었다.

　이재명은 아버지와 임종 전에 화해했지만, 한 가지 끝내

용서할 수 없는 응어리가 있었다. 아버지가 어머니를 때린 일이다. 아버지여서 차마 어찌할 순 없었지만, 아무래도 용서는 되지 않았다. 평생 지워지지 않는 슬픔이고 상처였다. 그건 저세상에 먼저 간 아버지가 훗날 어머니에게 용서를 받아야 할 일이었다. 어머니 말고는 누구도 아버지를 용서할 권리는 없다고, 재명은 믿었다.

그런 어머니를 형이 때리다니! 또 그런 쌍욕을 퍼붓다니! 이재명은 분해서 심장이 터질 것 같은 아픔을 겨우 누르고 형수한테 전화를 걸어 따졌다. 왜 어머니한테 "**구멍을 찢어 죽인다"는 욕을 했냐고? 그러자 형수가 "그건 고차원적인 은유"라며 재명을 조롱하고 능멸했다. 피가 거꾸로 치솟은 재명이 그 '고차원적 은유'를 들어 형수에게 반문했다. "당신 자식이 당신한테 **구멍을 찢어 죽인다고 하면 좋겠느냐, 당신 오빠가 당신 진성엄마한테 **구멍을 찢어 죽인다고 하면 당신은 좋겠느냐"고 따져 물었다. 그 후로도 재명과 재선 부부 사이에 몇 차례 더 설전이 이어졌다.

어머니의 신고로 재선 부부가 경찰에 연행되고 어머니는 병원에 입원했다. 겁에 질린 어머니가 법원에 낸 '셋째 아들 이재선의 접근 금지' 신청이 받아들여졌다.

나중에 보니 이재선 부부가 동생을 일부러 도발했다는 혐의가 짙었다. 가족들이 충격에서 조금씩 벗어날 즈음, 이재선이 전화를 걸어와 "무릎 꿇고 빌지 않으면 우리한테 쌍욕을 한 녹음 파일을 공개하겠다"고 협박을 했다. **재명은 제정신이 아닌 형한테 끌려다니느니 차라리 자신이 망신당하는 편을 택했다.** 그랬더니 통화 내용 전체가 아니라 교묘하게 편집된 내용이 SNS에 유포되었다. 앞뒤 맥락 다 잘라내고 이재명의 욕설 부분만 쏙 뽑아낸 편집본이 '이재명 형 욕설', '이재명 형수 쌍욕'이라는 제목을 달고 온 세상에 퍼졌다. 함정에 빠진 것이다. 이건 이재선 부부만의 솜씨라기엔 너무 교묘하고 치밀했다. 전문 정치 기획자의 냄새가 짙었다.

이런 구체적인 실상은 막내 이재문이 공개했다. "어머니와 형제자매들이 가능한 비밀리에 셋째 형님 정신병을 치료하려 했지만, 형님의 거부와 정치적 문제 제기, 녹음 공개로 더는 덮어둘 수 없어 실상을 공개한다"고 했다. 이재문에 따르면 재선은 감정을 통제하지 못해 가족 아무에게나 욕설을 퍼붓는 바람에 가족 관계가 끊기고, 조울증과 과대망상증으로 인해 자신이 예수, 부처보다 위대하다고 말하거나 '거듭나기 위해' 자신의 간통 사실을 SNS에 공개하는 등 이상 행동을 일삼다가 약을 먹고 진정된 일도 있었다.

그런 정치는 무엇을 위한 것일까

2022년 대선을 앞두고 윤석열을 비롯한 다른 대선 후보들과 우익 세력 그리고 보수 언론이 악의적으로 편집된 '이재명 욕설'을 다시 소환하여 이재명 비난에 나서자 당시의 상황을 소상히 알아본 한 작가가 칼럼을 통해 반문을 던졌다. 당신이라면 이런 상황에서 어떻게 할 것인가?

나는 궁금했다. 가난과 비참과 모멸을 견디며 평생토록 자기를 길러준 어머니가 그런 패륜을 당하고 쓰러진 것을 보고도 이성적이었다면 그것이 과연 자식일까. 그의 절규와 통곡과 단말마를 나무라며 저급하다고 말하는 사람에게 인간의 품격은 과연 어떤 것일까. 대체 그 대책 없는 패륜 앞에 쓰러진 어머니를 인이 일으키며 절규했던 자식을 나무라면서 '품격'을 요구하는 인간의 심장에는 어떤 천년 묵은 구렁이의 언어가 똬리를 틀고 앉아 있는 것일까.

당신이 만약 그 어머니였다면, 그런 패륜을 당한 어머니의 아들이었다면 어떻게 했을까? 어머니를 때린 형의 부부에게 전화해서 '형님, 형수님 왜 그러셨어요? 다음부터는 살살 때리세요.'라고 아주 품위 있게 말해야 했을까?

절규하며 싸워준 자식이 있었기에 그의 어머니의 일생은 송두리째 부정당하지 않을 수 있었고, 다시 일어서 남은 몇 년의 생을 견뎌낼 수 있었던 것은 아닐까. 어떤 순간, 어떤 사람에게는 부서진 야수의 심장으로 통곡하지 않고서는 지킬 수 없는 사람이 있는 것이다.[16]

그런데도 대선 기간 내내 이재명의 아픈 가족사를 비난의 소재로 삼는 가학적 정치가 멈추지 않았다. 국민의힘 대표 이준석은 이재명의 세대 포용론을 비판하면서 "본인 가족도 다 포용 못 하신 것 때문에 고생하시는 분이 어디서 세대 포용을 이야기하시냐"고 비꼬았다. 또 국민의힘 대변인은 안양시 도서관 청소를 하다 숨진 이재명의 여동생 죽음을 두고 '감성팔이 선거전략'이라고 조롱했다.

이재명은 욕설에 대해서 가슴 깊이 사죄했다. 어머니에 대한 절절한 사랑으로 가슴 아파했고 슬픈 가족사에 대해서 눈물로 호소했다. 상대 후보의 가슴 아픈 가족사와 동생의 불행한 죽음까지 이용하는 것이 정치라면 정치는 무엇을 위한 것일까, 반문했다.

---

16 방현석, 〈문화 칼럼: 언어와 상황에 관하여〉, 경기신문, 2021년 8월 12일.

집단지성의 힘으로 거둔 더 높은 승리
거대 언론의 미디어 프레이밍과의 전쟁

누구도 사과하지 않았다

　2018년 3월 27일 국회 정론관, 이재명은 대한민국의 축소판 경기도를 새 나라가 가야 할 모범으로 만들겠다는 일성으로 경기지사 출마를 선언했다. 그는 출마선언문을 통해 공정, 균형발전, 복지, 안전, 자치분권, 평화 등 6대 약속을 제시했다.

　　성남시장으로 일한 지난 8년은 도전의 연속이었습니다. 불의하고 부정한 청탁과 압력, 부패와 타협의 유혹이 늘 주위를 맴돌았지만 '100만 시장의 1시간은 100만 시간'이라 되뇌며 초심을 일깨웠습니다. 성남에서 검증된 능력과 경험으로 모든 국민이 선망하고 31개 시·군민 모두가 자부심을 가지는 '새로운 경기'를 만들겠습니다.

공평한 기회, 공정한 경쟁, 정당한 몫이 보장되는 경기도, 31개 시·군이 균형발전을 이루는 경기도, 생애주기별·영역별로 '최고의 삶의 질'이 보장되는 복지경기, 여성과 아동, 노인과 장애인은 물론 모든 도민이 안전한 경기도, 참여와 자치, 분권의 모델이 실현되는 경기도, 평화와 경제가 살아 숨 쉬는 희망의 땅 경기도를 만드는 데 온 힘을 쏟겠습니다.

이재명이 경기지사에 출마하자 기다렸다는 듯이 검경을 비롯한 권력기관과 우익 세력의 공격이 기승을 부렸다. 그런 가운데 더구나 민주당 내부에서 (대외적으로는) 동지라고 생각했던 경선 상대들이 저들의 행태와 다름없이 가족의 상처를 들쑤시며 가해온 인신공격에는 더욱 마음이 아렸다.

경선에서도 본선에서도 상대 후보들은 실력으로는 도무지 해볼 도리가 없자, 선거를 근거가 있든 없든 무차별적인 인신공격이 난무하는 진흙탕 싸움으로 끌고 가려들었다.

당내 경선을 다투던 한 후보는 사실 관계 확인도 없이 이재명의 아내 김혜경을 허위 사실 유포 혐의로 선관위에 고발했다. "hkkim이라는 아이디를 가진 사람이 트위터에 '모 후보와 한나라당이 손잡았다'는 허위 사실을 유포하고 노무현 대통령과 문재인 대통령을 비방했는데, 트위터 계정이 김혜경의 이니셜과 같다는 것"이다. 언론이 이를 받아 대대적으로 보도하는 가운데 SNS에서는 hkkim이라는 아이디를 '혜경궁 김씨'로 바꿔 조롱하는 사태가 벌어졌다.

흑색선전이 난무하는 선거판이라 웬만한 이슈에는 미동도 않던 경찰이 이번에는 기다렸다는 듯이 즉각 반응했다. 특별수사팀까지 꾸려 대대적인 수사에 나선 경찰이 혐의를 입증할 아무런 증거도 없이 기소 의견으로 사건을 검찰에 넘겼다. 그리고 그 과정에서 상대 후보의 허위사실 유포에 대해서는 '단순 착각'이라며 무혐의 처리했다.

고발 대리인조차 검찰에서 "논란이 된 트위터 계정 사용자가 다수라서 김씨가 포함되지 않을 수 있다"고 진술했다. 검찰도 "계정의 아이디와 비밀번호가 공유돼 여러 명이 사용한 것으로 글을 게시한 사람을 특정할 수 없다"고 결론 내리고 기소를 포기했다.

사실 이런 복잡한 과정이 아니라도 해당 트위터의 계정 주인이 이재명의 아내 김혜경이 아니라는 건 간단한 내용만 살펴봐도 알 수 있다. 트위터에 hkkim 아이디 사용자가 이재명한테 "시장님 고향이 어디냐"고 물어본 내용이 있다. 세상 어떤 아내가 20년 넘게 같이 살아온 남편의 고향이 어디냐고, 그것도 트위터를 통해 물어볼까?

이는 이재명에 대한 인신공격의 서막에 불과했다. 본선

에 들어가자 바른미래당 후보가 어떻게 섭외했는지 한 여배우를 선거판으로 끌어들여 낯뜨거운 비방전을 펼쳤다. 이미 전력이 있는 배우였다. 그는 전에도 수차례 이재명을 음해하고 사과하기를 되풀이했다. 2013년 8월 2일, 페이스북에 "이재명에게 법률 자문을 받았는데 딸의 아빠로부터 위자료와 유산, 양육비를 받아준다고 해놓고 행방불명이 되었다"는 글을 올렸다가 삭제했다.

집회와 유세장에서 마주쳤을 뿐인 그가 이재명에게 딸의 양육비 등을 문의한 적이 있으며, 자세한 상담을 위해 변호사 사무실을 방문한 적이 있다. 그때 이재명이 바빠 직원이 상담한 끝에 이미 양육비 등을 받은 바가 있어서 이 건은 소송에서 도저히 이길 수 없다며 돌려보냈다.

그는 2016년 1월 27일에도 페이스북에 이재명을 음해하는 글을 올렸다가 이재명이 법적 대응을 경고하자 곧 자기는 이재명과 아무 사이도 아니라며 사과문을 게재했다.

그랬던 그가 불과 석 달 뒤인 4월 12일 페이스북에 한 정치인과 9개월을 사귀었다고 했다가 이듬해 3월에는 또 말을 바꿔 지인에게 이재명과 17개월을 만났다고 주장했다. 이재명의 신체 비밀을 안다고까지 떠벌렸다. 그러나 그런 사실을 뒷받침할 만한 근거 한 톨도 내놓지 못했고, 둘이 데이트하는 걸 봤다는 증인 한 명도 없었다.

2018년 6월 10일, 경기지사 선거를 사흘 앞두고 그 배우는 KBS 9시 뉴스에까지 출연했다. 선거 판세가 큰 격차로 불리한 마당에 저들은 도 아니면 모 식으로 이빨 빠진 헌 칼을 마구 휘둘렀다. 그러다 얻어걸리면 대운이고 아니면 말고 하는 식이다. 그 배우는 "바닷가에 가서 사진 찍고 낙지 먹고, 이재명 카드로 밥값을 냈다, 사진을 찾아봤지만 찾지 못했다"고 떠벌렸다. 그런 다음 이재명이 찍어줬다며 그가 내놓은 사진은 2007년 12월 13일에 그의 가족과 찍었다며 팬카페에 올린 사진으로 밝혀졌다.

그는 또 무슨 증거라도 되는 양 (카메라를 든) 이재명과 닮은 남자 사진을 페이스북 프로필에 올렸다가 〈경남도민일보〉 기자가 자기 사진을 도용했다며 항의하자 사과하고 사진을 내렸다. 또 한번은 "2009년 5월 22일, 이재명이 비도 오는데 노무현 전 대통령 영결식이 열리는 봉하마을에 가지 말고 옥수동에서 만나자고 요구해서 밀회를 이어갔다"고 떠벌렸다. 노무현 대통령 서거일은 5월 23일이고, 영결식은 5월 29일이었다. 그리고 이재명은 서거 소식을 듣자마자 봉하마을로 달려갔다가 돌아와 성남 야탑역에 분향소를 설치하고 장례가 끝날 때까지 내내 상주로서 분향소를 지켰다. 그 배우는 5월 22일에 서울 옥수동에서 이재명과 밀회를 즐겼다고 하고선 5월 23일 SNS에 제주도 우도에서 찍은 사진을 올렸다.

이 무렵 두 사람의 간단한 동선과 일정만 확인해도 사실 여부가 금방 드러날 일을 언론은 그 배우의 헛소리만 받아 보도하기 바빴다. 이것 말고도 더욱 황당한 주장을 떠벌리는 바람에 당황한 경찰까지 나서서 사실이 아니라고 해명하는 촌극까지 벌어졌다.

급기야 한 유명 소설가까지 나서서 여배우의 말만 듣고 이재명을 공격했다. 둘이서 주고받은 별 추접스러운 대화가 SNS를 통해 사실인 양 유포되었다. 배우가 "이재명의 신체에 크고 까만 점이 있다. 법정에서 최악의 경우 꺼내려 했다"고 하자, 소설가가 "대박!"이라며 환호작약했다. 워낙 유명한 소설가라서 그 파급력과 공신력이 대단했다. 그 여배우가 자신의 망상적 거짓말을 퍼뜨릴 숙주를 제대로 잡은 셈이다.

이 추잡한 낭설을 사건으로 만들어 입건한 경찰에 이재명은 자신 출두하여 신체검증을 받겠다고 통보했다. 무슨 속셈인지 경찰이 신체검증을 유보했지만, 이재명은 지체 없이 아주대병원에 의뢰해 신체검증을 받았다. 2018년 10월 16일이다. 경기도청 출입 기자 대표 3명이 참관하여 점도, 그 점을 제거한 흔적도 없음을 확인했다. 배우는 물론이고 잘난 체하던 소설가도 이재명에게 사과하지 않았다.

이후 배우와 소설가는 녹음 파일 유출 건으로 다투더니 서로 온갖 추접스러운 일을 들이대며 험악한 폭로전을 벌였다.

그런데 웃긴 건 둘이 치고받고 싸우는 가운데 여배우는 자신이 이재명에게 둘러씌운 음해의 말을 스스로 부정한다. 아마 소설가가 배우에게 "*** 상간녀, 불륜녀, 아비가 누군지도 모르는 XXX"라고 한 모양이다. 배우는 이를 받아 2020년 8월 13일 페이스북에 "이게 할 소린가. 딸 낳고 30년간 비구니처럼 살았다. (사람들은) 나라에서 열녀문 주는 것도 아닌데 왜 그렇게 산이나 다니며 연애 한 번 안 하고 사느냐고 한다. 세상에서 제일 불쌍하다고. 연인과 사랑하며 살아도 아쉬운데 돌아오지 않을 애 아빠만 기다린다며 독수공방 누가 알아주냐고, 멍청하고 가엽다고들 한다"고 적었다.

제 입으로 30년간 비구니처럼 사느라 연애 한번 안 했다면서, 이재명과 했다는 9개월인가 17개월인가도 헷갈리는 그 연애는 어떻게 된 걸까? 상황에 따라 이랬다저랬다 말을 넥타이 바꿔 매듯 바꾸는 이런 사람의 주장을 앞세워 이재명을 물어뜯은 언론(인), 수사기관, 정치인, 지식인, 소설가 중 그 누구도 (모든 게 명백한 허위로 밝혀졌지만) 사과하지 않았다.

그러나 저들이 모르는 게 있다

한국의 거대 언론은 미디어 프레이밍에 능수능란하다.

특히 선거철이 되면 아예 미디어 프레이밍으로 먹고산다. 선거철에도 이재명만 만나면 깜짝깜짝 놀랄 만큼 화려한 기술을 펼쳐 보인다. 그 절정이 앞의 여배우가 날리는 SNS를 받아 이재명 죽이기 프레임을 강화하는 데 앞장선 것이다. 더욱이 사실이 아니라고 판명된 내용조차 모른 체하고 계속 퍼다나르며 확성기 노릇을 한 데는 '이재명 죽이기' 짬짜미로 엮인 카르텔의 뒷배가 있기에 가능한 일이다.

이런 막강한 권력을 업은 거대 언론의 융단폭격식 횡포를 이재명을 지지하는 SNS 집단지성이 물리치고 더 큰 승리를 거뒀다.

득표율 56.4%로, 자유한국당 남경필 현역 지사(35.5%)를 20% 차이로 압도했다. 더욱이 본인의 선거운동보다는 경기도 31개 시군을 쉴 새 없이 돌며 지원 유세에 더 힘을 쏟으면서 거둔 승리여서 더 값졌다. 민주당은 이재명 바람을 업고 경기도 31개 시군 중 연천·가평 2곳을 뺀 나머지 시장·군수 선거에서 모두 승리했다. 도의원은 142석 중 135석을 몰아주어 이재명 지사가 과감하게 혁신 정책을 세우고 실행하도록 경기도민이 표로써 확실하게 지원했다.

그러나 **이런 압승에도 불구하고 저들은 이재명 제거 공작을 멈추지 않았다. 아니, '변방의 장수'가 대한민국 최대 광역지자체이자 전국 민심의 풍향계인 경기도민의 압도적**

지지를 받는 현실을 목격하고 두려움으로 더욱 발광하는 것일 터였다.

경찰은 이미 결론이 나서 다툴 여지가 전혀 없는 '트위터' 사건을 다시 꺼내 재수사를 벌인다며 난리를 쳤다. 아무 내용도 없는 수사 과정을 거대 언론에 흘리면서 그들과 짬짜미로 이재명 지사의 사퇴를 압박하고 종용했다. 기소 날짜까지 미리 알려주는 친절로 압박하는 수법은 예나 지금이나 변함이 없다. 저들의 진짜 목적은 법적 처벌이 아니라 정치적 사망에 있으므로 혐의가 성립되든 말든 증거가 있든 말든, 심지어는 그것이 사실이든 아니든 개의치 않고 불도저처럼 자기 할 바를 했다. (이유 불문하고) 이재명 죽이기. 이것이야말로 저들이 사는 이유요, 존재 이유가 되어 버렸다.

그러나 저들이 모르는 게 있다. 그것은 저들로서는 치명적이다. 이재명이 얻고자 한 것은 비전에 따라 일할 수 있는 권한이지 군림하는 자리나 권력이 아니다. 그에게는 어떤 자리나 권력은 공동체의 더 나은 삶을 위해 더 가치 있게 일하는 수단이지 그 자체로 목적인 적은 한순간도 없었다.

2018년 11월 19일, 이재명은 정치 경찰을 내세운 저들의 전방위 공격을 이대로 두면 안 되겠다 싶어 기자회견을 자청했다. 저들은 자진 사퇴를 발표하나 싶어 기대에 부풀었겠지만, 저들의 뜻대로 움직이면 이재명이 아니다. 그는 결연한 마음으로 정면 돌파를 택했다. "지금보다 더 도정에 집중해서 도정의 성과로 그 저열한 정치 공세에 대해 답하겠다"고 한 것이다.

그 트위터의 글을 쓴 사람은 제 아내가 아닙니다. 아니라는 증거가 차고 넘치는데도 경찰은 제 아내로 단정했습니다. 진실보다 권력을 선택했습니다. 국가권력 행사는 공정이 생명입니다. 때리려면 이재명을 때리고, 침을 뱉어도 이재명에게 뱉으십시오. 죄 없는, 무고한 제 아내와 가족을 이 싸움에 끌어들이지 않았으면 좋겠습니다.

저들이 바라는 바, 이 저열한 정치 공세의 목표는 이재명이 일하지 못하게 하는 겁니다. 그래서 지금보다 더 도정에 집중해서 도정의 성과로 그 저열한 정치 공세에 대해 답을 해드리겠습니다.

03

좋은 말이
좋은 정치를 낳는다

———

이재명의 말

이재명은 인생 이야기든, 현안 질의응답이든, 정책이나 비전 제시든 자기 특유의 방식으로 풀어내고 압축하여 전달한다. 다른 사람들은 대개 열 마디를 동원해 하나의 뜻을 전달하는데, 이재명은 한 마디만으로 열 가지 뜻을 담아 전달한다. 그래서 이재명의 말은 한번 들으면 사람들 가슴에 오래 머문다.

서로 알아듣는 말로 하는 정치가
민주주의다
민주주의와 좋은 정치의 조건

폭력에 대한 공포는 현실이 되었다

　말이란 무엇인가? 입에서 나온다고 해서 다 말이 되진 않는다. 그저 소음에 불과한 말도 있고, 불리한 상황을 되치기하려고 궤변을 창조하는 의도된 개소리도 있다. 내란범 윤석열이 헌재 탄핵심판정에서 "아무 일도 일어나지 않았다"고 한 말이 그것이다.

　개소리보다 심각한 말은 흑백 논리로 편을 가르고 상황을 호도하여 폭력을 부추기는 막말이다. 전형적인 극우 파시즘의 행태다. '말도 안 되는 말'은 말에서 그치지 않고 폭력으로 번져 파시즘을 번성시키고 공동체를 파괴하므로 절대 용인할 수 없는 위험이다.

　2017년 트럼프가 처음 대통령이 되었을 때 사람들이 우려한 바도 그의 막말이 불러올 폭력이었다. 폭력에 대한 공포는 현실이 되었다. 의원들에게 가해진 위협은 트럼프 취임 전 연 800여 건에서 트럼프 임기 마지막 해에는 1만 건에 달했다. 그 폭력의 상승 기류는 의사당 난입 사태로 선을 넘었으며, 2025년 트럼프의 귀환으로 그런 폭력성이 정당화되기까지 하고 있다.

윤석열은 대통령이 되고부터 트럼프와는 다른 개념의 막말로 갈등을 부추겼다. 트럼프가 장사꾼의 언어로 막말을 했다면, 윤석열은 법치주의를 가장한 법률주의 검사의 언어로 정치를 아군 적군으로 이분했다. 야당은 정치적 상대가 아니라 쳐부숴야 할 적이고 비판적인 언론이나 시민은 척결해야 할 반국가 세력이었다. 시민단체와 노동조합을 '이권 카르텔'로 적대하고, 연구개발 예산 삭감 명분으로 과학자들을 '연구개발비 착복 카르텔'로 몰았다. **대통령의 이런 극단적 언어는 우리 사회에 적개심이 만연하게 하고 폭력에 '국민저항권'이라는 권위와 정당성을 부여함으로써 오늘날 우리는 공공연히 폭력을 모의하고 행사하는 극우 세력의 준동을 보고 있다.**

민주주의 국가에서 정치는
곧 말이고 말이 곧 정치

　진정한 정치는 민주주의에서 나오고, 민주주의는 폭력의 대결 대신 말의 대결이며, 말로 국민을 설득하여 권력을 얻고 권위를 행사하는 것인데, 절차적 민주주의를 쟁취한 지 40년에 이르는 오늘날 우리 정치는 말의 실패가 쌓여가면서 심각한 위기에 빠졌다. 정치가 실종된 끝에 급기야는 우리 정치를 유신 독재 시대로 돌리려는 내란까지 겪게 되었다.
　우리는 애초에 민주주의자가 아닌 권력에 중독된 권위주의자를 대통령으로 뽑은 것임을 비상계엄령 사태를 통해 새삼 확인했다. 권위주의자의 계보를 잇는 이승만과 박정희 그리고 전두환이 그랬듯이 정치인으로서 자기 언어를 갖지 못한 윤석열도 권력을 잘못 사용함으로써 본인도 망하고 나라를 위기에 빠뜨렸다.

　　권위주의자는 힘을 잘못 사용함으로써 실패한다. 강압에 대한 두려움으로 작동하는 것이 권위주의다. 두려움이 효과를 내지 못하면 사람들은 용기를 내고 체제는 몰락한다. 두려움의 후광을 잃은 '벌거벗은 폭군'은 초라한 존재가 된다.

민주주의자는 말을 잘못 사용함으로써 실패한다. 민주주의에서도 힘은 중요하지만, 민주주의는 말의 힘과 설득의 방법이 우선인 체제다. '시민의 적극적 동의'를 구하지 못하면 합법적 폭력도 국가의 강제력도 물거품이다. 정치 실패 이전에 말의 실패가 선행되는 게 민주주의다. 말이 나쁜 정치인이나 정치 세력이 설 자리를 잃어야 민주주의가 제대로 된다.

폭력적인 말은 분열과 증오를 낳는다. 신뢰할 수 없는 말은 협동의 가능성을 없앤다. 정치는 더욱 그렇다. 정치인이 말을 함부로 내뱉는 것은 민주주의도 함부로 운영하겠다는 신호다. 정치가 그러면 시민도 서로에게 함부로 하기 시작한다. 혐오가 정치의 편을 나누면 시민도 편을 나눠 적의를 불태우게 된다.

좋은 정치가 좋은 시민을 낳고 나쁜 정치가 나쁜 시민을 낳는다. 사랑보다 미움이 더 강렬한 정념이듯, 정치에서도 선호보다 증오나 혐오가 더 강렬한 열정으로 작용한다. 달라도 같이할 수 있고, 다르다는 이유로 같이하는 것이 정치다. 이견과 다양함을 인정하지 않는 체제, 즉

---

17 박상훈, 《정치적 말의 힘》, 후마니타스, 2022.

정치의 기능이 실종된 체제는 민주주의가 아니다. 이견이 이적으로 적대시되고 다양성이 혐오가 되는 정치가 오면 민주주의도 견딜 수 없게 된다.[17]

민주주의는 말의 힘과 설득의 방법을 앞세우고 시민의 적극적인 동의를 기반으로 삼는 체제이기 때문에, 오늘날 민주주의 국가에서 정치는 곧 말이고 말이 곧 정치다. 그러므로 정치인은 말하는 사람이고, 그 말로 갈등을 조정하고 변화를 일으키는 사람이다.

여기서 말하는 '말'은 '실행'에 대립하는 구체적인 계획으로써 말이 아니라 정치의 방향과 정책의 의지와 변화의 내용을 제시하는 '약속'으로써의 말이다. 무엇을 누구를 위해 왜 하는지 묻고 대답하고 설득하는 것이 정치의 본질인데, 바로 그것을 전달하는 수단이 말이다.

지도자의 힘은 우선 말에서 나온다. 그 말이 말다울 때 대중을 설득하고 갈등과 분쟁을 해결하며 공동체에 희망을 준다. 헤시오도스는 《신통기》에서 이런 지도자의 말솜씨를 '뮤즈 여신의 선물'이라고 노래했다. 말이 대중의 마음을 움직이고, 모두 뜻을 모아 행동하면 말은 말에만 그치지 않고 현실이 된다. 그래서 지도자의 말은 국가를 비롯한 어떤 조직이든 공동체의 안정과 발전에 직결된다. 그러나 그 말이 진실하지 못하고 강고한 실천력으로 뒷받침되지 못하면 거짓말이 되어 공허한 울림으로 흩어지고 만다. 당장 한 표를 얻기 위해 무책임한 말을 쏟아내며 대중을 현혹한다면, 거짓에 휘둘린 공동체는 위험에 빠지고 몰락하게 마련이다. 그래서 지도자는 말을 함부로 해선 안 된다.

정치에서 말은 말로 끝나지 않는다. 말에 근거하여 강제를 다루기 때문에 무서운 것이다. 정치는 당과 정파를 막론하고 시민 모두를 구속하는 공적 결정을 도출하는 과정이다. 법안 하나를 만들어도 공청회부터 입법 제안에 이어 심사까지 다 말로 이루어진다. 그 말이 결론 끝에 누군가를 강제하고 처벌할 수 있는 법이 된다.

'말 한마디로 천 냥 빚을 갚는다'는 속담처럼 일상의 사람 관계에서도 말은 중요하다. 심지어 한마디 말이 사람을 죽이기도 하고 살리기도 한다. 정치에서야 말의 중요성은 더 말할 나위도 없다. 특히 위기 국면에서 정치인의 말은 국면을 전환하는 결정적인 계기로 작용하기도 한다. 그래서 아무도 "정치는 곧 말"이라는 데에 이의를 달지 않는다.

1940년, 제2차 세계대전 중에 윈스턴 처칠은 영국 총리에 취임했다. 독일군이 파죽지세로 프랑스의 마지노선을 무너뜨리고 연합군을 사방에서 포위해오자 공포감에 휩싸인 영국 의회는 처칠을 총리로 전시 내각을 출범시켰다. 처칠은 그 의회 연설에서 달콤한 거짓말 대신 솔직한 말로 헌신과 희생을 요구했다.

"나는 피, 수고, 눈물 그리고 땀밖에는 달리 드릴 것이 없습니다."

그리고 그 헌신과 희생이 왜 생존 이상으로 중요한 의미가 있는지를 설득했다. 전황은 더욱 나빠져 40만에 이르는 연합군이 도버 해협이 가로막고 있는 덩케르크 해안까지 몰려 몰살 직전의 위기에 처했다. 내각과 의회는 독일에 굴복하여 평화 협정을 맺도록 처칠을 압박했다. 그러나 끝까지 항전하기로 뜻을 굳힌 처칠은 다음과 같은 연설로 협상파를 설득했다.

"우리는 결단코 굴복하지 않을 것입니다. 우리는 해변에서 싸울 것입니다. 육지에 올라가서 싸울 것입니다. 들판과 거리에서 싸울 것입니다. 우리는 결단코 항복하지 않을 것입니다. 성공도 실패도 영원하지 않습니다. 중요한 것은 굴복하지 않는 용기입니다."

협상의 연막을 피우고 번 사흘간 남은 자원을 총동원한 전격적인 철수 작전으로 33만여 연합군을 사지에서 빼냈다. 덩케르크 철수 작전이다. 이 작전의 성공을 계기로 대대적인 반격을 가한 연합군은 마침내 전쟁의 승기를 잡을 수 있었다. 총으로만 하는 줄 아는 전쟁도 이처럼 말에 따라 그 성패가 갈린다. 이처럼 말은 몸이 하는 일의 흐름을 바꾼다.

왜 정치는 곧 말이라고 하는가. 정치는 말로 하는 인간 활동이기 때문이다. 힘이 아닌 말로 하는 것이 정치요 외교다. 정치인은 가진 게 말밖에 없지만, 그 말로 변화를 일으키는 사람이다. 심지어 미사일과 전투기를 가진 군인도 무력을 쓰기 전에 먼저 말로 무력이 필요한 상황을 예방하고 회피하는 노력을 한다. 역사상 숱한 전쟁이 벌어졌지만, 말로 막은 전쟁이 그보다 훨씬 더 많다. 말은 이처럼 생각보다 많은 일을 한다. 정치에서는 말이 전부라 해도 과언이 아니다.[18]

---

18 임종성, 《정치본색》, 모아북스, 2023.

진실한 말에는 절박한 삶이 녹아 있다
자기 삶과 공부에 기댄 이재명의 말하기

〰️

이중적인 정치 언어를 쓰지 않는다

소년공 시절 이재명은 공장에서 선참 직공에게 맞아 갈비뼈가 부러진 적이 있다. 그때 그는 말로 위선을 떠는 사람들을 보고 치를 떨었다. 회사의 상급 관리자들이 앞에서는 너그러운 척 우아하고 다정하게 말하면서 뒤로는 반장과 선참들을 시켜 소년공을 폭행하는 위선을 일상으로 겪으며 살았다. 그는 한참 나중에야 그런 야만적인 폭력으로 유지되는 질서의 최대 수혜자가 우아한 위선자들임을 알았다. 그들은 표리부동하고 언행이 따로 놀았다. 앞에서는 소년공의 처지를 동정하는 척하면서 뒤에서는 자기들 편리와 이익만 챙겼다. 그걸 알았지만, 잘리지 않기 위해 애써 모른 척해야 했다.

그런데 정치판은 표리부동의 행태가 공장보다 더 심하고 잔인했다. 그야말로 거짓말을 밥 먹듯 했다. 그 거짓말로 그냥 밥만 먹으면 그나마 참을 만한데 애먼 사람을 해쳤다. 물론 좀 괜찮은 정치인도 많고 종종 훌륭한 정치인도 볼 수 있지만, 뒷골목 깡패보다 못한 정치인이 수두룩했다. 그래서 이재명은 '정치인으로 사는 한 시민들에게 적어도 거짓말은 하지 말자, 위선자는 되지 말자'고 굳게 결심했다. 실제로 **정치인 이재명의 말을 가만 들여다보면 이중적인 정치 언어를 쓰지 않는다**. 그는 정직하려고 노력하는 정치인이라서 어떤 질문이든 답이 간명하다. 어떤 상황이든 빈말을 하지 않고 정면으로 정직하게 돌파한다. 그러므로 그에게는 이중적 정치 언어가 애초에 필요 없다.

민주당 부대변인 이재명

이재명의 말은 늘 자기 경험에서 출발하므로 허튼 데 하나 없이 청중을 감명시켰다. 그는 2006년 성남시장 선거에 나갔다가 낙선하고 민주당 중앙당 부대변인을 맡았다. 그는 선거 유세에서 진실한 말로 청중을 들었다 놓았다 하고, 적절한 유머를 가미해 청중을 웃겼다 울리는 연설 솜씨를 보였다. 정치인 대부분은 누가 써준 원고를 무슨 뜻인지도 잘 모른 채로 앵무새처럼 읽기 바쁘지만, 이재명은 자기가 잘 모르는 얘기는 하지 않았다. 게다가 그의 말은 곧 그의 몸을 통과해온 삶이자 오랜 공부여서 굳이 원고가 따로 필요 없었다. 김대중이 그렇고 노무현이 그랬다.

이재명은 이제 막 정치에 발을 디딘 초년생이었지만, 그의 연설은 세상의 이목을 집중시키기에 충분했다. 민주당이 첫 선거에서 낙선한 그를 중앙당 부대변인으로 발탁한 이유였을 것이다. 대변인실에서 일하려면 말을 잘해야 하는 건 기본이고, 상황 파악에 능숙하고 위기 상황에 대처하는 순발력이 뛰어나야 한다. 신중하면서도 재빨라야 하고 곤란한 상황도 기지를 발휘하여 유리한 상황으로 뒤집을 수 있어야 한다.

민주당 부대변인 이재명이 중앙당 보직을 맡자마자 기상천외한 기지로 우리 정치사에 길이 남을 사건을 만들었다. 이른바 '지곤조기' 사건이다. 지곤조기란 "지금은 곤란하다. 조금만 기다려 달라"를 줄인 말이다.

2008년 한일 정상회담 직후인 7월 15일, 일간지 〈요미우리〉는 독도 관련 기사를 보도했다.

"한국의 이명박 대통령이 독도 문제를 교과서 해설서에 쓰겠다는 후쿠다 야스오 총리에게 '지금은 곤란하다. (조금만) 기다려 달라'고 말했다."

비판이 일자 청와대는 사실무근이라고 했지만, 〈요미우리〉는 "MB 발언은 사실"이라고 추가 보도로 재차 확인했다.

사태가 이런데도 조·중·동을 비롯한 한국의 거대 언론은 이런 중대한 사안을 거의 보도하지 않았다. 보도 통제가 아니라면 있을 수 없는 일이다.

그런 가운데 〈국민일보〉가 인터넷판에 "〈요미우리〉 MB '기다려달라' 독도 발언은 사실"이라는 제목으로 기사를 냈다. 그러자 누리꾼의 반응이 폭발했다. 금세 40만 개에 이르는 댓글이 달렸다. 적어도 수백만 명이 기사를 본 것이다. 그러나 청와대의 거듭되는 완강한 부인으로 전선을 확대하여 진실을 밝히는 것이 어렵게 되었다.

이때 이재명이 기상천외한 방식으로 청와대의 의표를 찔렀다. "우리 대통령 MB가 절대 그럴 리 없는데 허위 보도를 했다"며 〈요미우리〉를 상대로 시민 일반이 참여하는 집단소송을 제기했다. 법원이 석연찮은 이유를 들어 이 소송을 기각했지만, 청와대로서는 허를 제대로 찔려 가슴이 덜컥했을 것이다. 이재명은 성명을 내어 "법원이 독도를 둘러싼 역사 분쟁에서 판단을 회피한 것은 매우 유감스럽다"고 밝혔다.

폭로 전문 사이트 위키리크스에서도 '지곤조기' 사건이 거론되는데, 〈경향신문〉이 2012년 위키리크스에 나온 외교 전문을 입수해 살펴보고 MB가 '기다려달라'고 말한 것으로 확인했다.

한번 들으면 사람들 가슴에 오래 머문다

이재명은 부대변인으로 일하면서 정치인으로서 말 솜씨를 더욱 단련했지만, 그의 말이 청중의 가슴을 파고드는 건 말의 기교가 좋아서가 아니라 진실하기 때문이다. 장황하지도 현학적이지도 않고 간명하고 솔직하기 때문이다. 그의 명쾌한 직설화법은 청중의 막힌 속을 시원하게 뚫어주어 '사이다'로 통한다.

이재명은 인생 이야기든, 현안 질의응답이든, 정책이나 비전 제시든 자기 특유의 방식으로 풀어내고 압축하여 전달한다. 다른 사람들은 대개 열 마디를 동원해 하나의 뜻을 전달하는데, 이재명은 한 마디만으로 열 가지 뜻을 담아 전달한다. 그래서 이재명의 말은 한번 들으면 사람들 가슴에 오래 머문다. 이런 화법은 강한 자기 신뢰 없이는 구사하기 어렵다. 그는 "빈말을 하는 법이 없기" 때문에 그런 자기 신뢰를 유지할 수 있는 것이다.

저는 약속을 지킵니다. 저는 기득권과 싸웁니다. 물러서지 않습니다. 많이 맞아서 다쳤습니다. 저는 끊임없이 설득하는데, 저는 그 설득을 우리 국민께서 받아들일 가능성이 있다고 생각합니다. 저는 빈말 안 하거든요. 저

를 무서워하는 사람도 있다더군요. 저, 진짜 말한 대로 하거든요.[19]

---

[19] 〈김어준의 다스뵈이다(180회)_이재명, 이낙연, 추미애 그리고 화천대유〉, 2021. 9. 24.

책임 있는 말은 반드시 실천을 담보한다
이재명이 하면 무게가 달라지는 말

〽️

우리가 세금을 내는 이유

　왜 이재명이 하면 그 말의 무게가 달라질까? 그의 말은 구구절절하지 않다. 어떤 정책이 비판을 받았을 때 구구한 설명 대신 명확한 근거를 가지고 반례를 들어 그 필요성을 한마디로 압축하여 제시함으로써 설득력을 최대화한다. 그는 절제된 언어로 효과를 최대화한다는 점에서 언어의 마술사다.
　또 구차하게 변명하지 않기 때문이다. 실언을 했으면 그 즉시 진심 어린 사과를 하고, 약속을 못 지켰으면 그 이유를 설명하고 사과와 함께 대안을 제시하는 한편 책임질 일이 있으면 회피하지 않는다.
　그는 시민운동을 하던 2003년부터 성남시립병원 설립 운동을 벌였는데, 10년의 우여곡절 끝에 2013년 11월 4일, 현직 시장으로서 기공식을 맞았다. 그는 감개무량했다. 이날 그의 기념사에 그가 추구하는 정치가 고스란히 담겼다. 정치 언어의 정수를 볼 수 있어서, 그다지 길지 않으니 전문을 본다.

성남시장 이재명입니다.
정말로 축하할 일입니다. 그리고 정말로 감회가 남다릅니다. 2003년부터 시작됐던 우리 시립병원 설립 운동이 그 많은 갈등과 차이를 극복하고 이제 첫 삽을 뜹니다. 진정한 공공의료의 시작, 새로운 출발을 알리는 이 자리에 제가 서 있다는 사실 자체가 너무 감격스럽습니다. 이 시립의료원은 개인인 저와도 깊은 인연이 있습니다. 2003년부터 시작됐던 시립의료원 설립 운동을 함께하다가, 시민들이 발의한 우리나라 최초의 시립병원 설립 조례가 바로 이 자리, 시의회에서 날치기로 폐기되는 그 현장에서 제가 거칠게 항의한 죄목으로 수배가 됐습니다. 주민교회 지하 1평 기도실에서 도피 생활을 하다가 지금 이 자리에 계신 함께하던 우리 동료, 그분과 결심을 했습니다. 2004년 3월 28일 오후 5시, 초밥을 앞에 놓고, 눈물로 초밥을 적시면서 다짐했습니다. '직접 우리 손으로 시민이 원하는, 반드시 있어야 하는 종합의료기관을 우리 손으로 만들자.' 그래서 저의 정치 인생이 시작됐습니다. 이제 정말로 첫 삽, 대한민국 공공의료의 첫 발자국을 떼는 자리에 서 있는 제 가슴은 정말 감격에… 감격에… 감정을 억누르기 어렵습니다.

돈보다도, 그 어떤 것보다도, 사람의 생명과 안전만큼 중요하지 않습니다. 우리 서민들의 삶 중에서 먹는 거, 입는 거, 자는 거 더하기, 아니 그보다 더 중요한 건강한 삶을 누릴 헌법상의 권리를 왜 세금으로 보장하면 안 되는 겁니까. 이렇게 이야기합니다. "2천억이나 되는 아까운 돈을 왜 병원을 짓는 데 쏟아붓느냐?" 한마디로 말씀드릴 수 있습니다. 분당중앙공원, 12만 평에 이르는, 2조 원이 넘는 그 엄청난 돈을 들여서 왜 공원을 만듭니까. 또 누가 이렇게 이야기합니다. "1년에 30억씩 20억씩 50억씩 적자날 수 있는 일을 왜 하느냐?" 시민에게 필요하고, 그러나 민간 기업들이 할 수 없는 일이니까 적자를 감수하고 그 일을 하기 위해서 우리가 세금을 냅니다. 종합운동장 체육시설 운영에 100억씩 적자 나는 거 재정 투자는 괜찮고, 성남문화재단 아트센터 운영하는 데 1년에 180억씩 적자 내는 건 괜찮고, 왜 50만의 인구가 사용하는 공공의료시설에는 30억의 적자도 해서는 안 되는 겁니까. 잘못된 것입니다.

성남 본시가지, 힘들고 어려운 환경에서 살아가는 우리 50만 성남시민들이 아플 때 치료받을 수 있는 곳, 응급 상황이 생겼을 때 목숨을 담보하지 않고 치료받을 기회를 얻는 것, 그런 기회를 부여하는 데 성남시 세금 1조 4,000억 일반회계 중에서 과연 30억이 아까운 낭비입니까, 여러분. 이제 우리는 당당하게 말해야 합니다. "의료는 돈벌이 수단이 아니다!", "치료받고 건강하게 사는 것은 시민의, 국민의 가장 기본적인 권리이다!", "그 권리를 보장하는 것은 국가의 의무이고 우리가 세금을 내는 이유다!" 이렇게 말해야 합니다, 여러분.

제3세계 국가보다도 낮은 공공의료 비중을 창피하게 생각하지는 못할망정 있는 공공의료기관마저 적자를 이유로 폐업하는 이런 잘못된 세상, 지금부터 우리 성남시민들이 앞서서 고쳐 나가겠습니다. 오늘 이 순간을 출발점으로 개인의 건강한 삶을 국가와 지방정부가 책임지는 진정한 공공의료의 첫 발걸음을 여기 계신 여러분과 함께해 나가겠습니다. 그 선두에 우리 성남이 서겠습니다. 감사합니다.

이국종과 이재명 그리고 석해균 선장

2011년 1월 18일, 아덴만 여명 작전이 전격 개시되었다.

사흘 전에 소말리아 해적에게 피랍된 1만 톤급 화물선 삼호주얼리호를 구출하기 위해 청해부대가 작전에 나선 것이다. 청해부대는 작전 개시 사흘 만에 해적 8명을 사살하고 5명을 생포하는 동시에 인질 21명 전원을 구출함으로써 작전을 완수했다.

이 과정에서 삼호주얼리호 석해균 선장이 해적이 쏜 총에 맞아 용태가 위중했다. 오만 대학병원에서 응급 수술을 받았지만, 용태가 더 나빠진 가운데 아주대병원 이국종 교수가 오만으로 건너가 2차 응급 수술을 집도했다. 용태가 호전되지 않아 전문 의료장비를 갖춘 '에어 앰뷸런스'를 이용해 국내로 이송하여 집중 치료를 해야 했다.

그런데 에어 앰뷸런스 섭외 과정에서 한국 정부가 미적거리면서 무관심한 탓에 석 선장의 목숨이 경각에 달렸다. 에어 앰뷸런스 이용료 38만 달러. 이 교수가 현지에서 우리 정부에 지급보증을 요청했지만, 어떤 부처도 확답을 주지 않았다. 그러자 이 교수는 사비로 지급하기로 작정하고 지급보증한 계약서를 보냄으로써 가까스로 석 선장을 국내로 이송하여 결국은 살려냈다. 이 교수는 한국 의료계의 질시, 정부 부처의 무관심 등 온갖 난관에 직면한 당시 상황과 심경을 《골든아워》(흐름출판, 2018)에 상세히 풀어놓았다.

다행히 석 선장은 건강을 되찾았고 이 교수는 '국민 의사'가 되었다. 그러자 이명박 대통령은 석 선장의 병실을 방문하여 생색을 냈다. 정부와 병원의 무관심으로 죽을 뻔한 석 선장을 이국종이 고군분투하여 살려놓자 정부고 정치인이고 병원이고 간에 차려진 밥상에 숟가락 얹으려는 자들만 넘쳐났다. 대통령을 비롯해 다들 말뿐이고 이후로도 외상센터에 달라진 건 아무것도 없었다. 당시 김문수 경기지사도 이 교수에게 (기자들 보는 앞에서) "우리 석 선장 꼭 살려주세요" 했다지만, 말뿐이고 아무것도 안 하기는 마찬가지였다. 이역만리 타국에서 죽을 위기에 놓인 국민보다 돈의 셈법을 앞세운 국가는 어떤 이유를 대더라도 존재 이유가 없다.

이런 이국종 교수는 2018년 이재명이 경기지사가 되면서 비로소 의기 상통하여 경기도와 손잡고 24시간 응급의료용 헬기 도입으로 중증외상환자 의료체계를 구축했다. 그런데 2019년 이재명이 선거법 위반 등으로 지사직 상실 위기에 처하자 이 교수는 자필로 10장의 탄원서를 작성하여 대법원에 냈다.

> 만약에 본 재판에 관여하시는 어떠한 법관께서도 혹시 몹시 어려운 어린 시절과 가족사를 가지신 분이 있다면 이재명 도지사의 제대로 치료받지 못해 심하게 변형된 팔꿈치를 보아주시길 부탁, 감히 부탁드립니다. 지금은 도지사라는 직위에 있으나 실상은 극빈한 집안의 아

들로서, 어릴 때부터 심한 노동에 시달린 이재명 도지사의 흔적과도 같은 그 변형된 관절 때문에, 오히려 그는 많은 경우가 노동자 계층에서 발생하는 중증외상환자들의 생존율 향상을 위해서 어려운 정책적 결단을 내려오고 있는지도 모릅니다.

저는 제가 아는 한, 정치권뿐이 아니라 사회 전체가 '말의 잔치'에 물들어가는 현실에서, 스스로 어린 시절 때부터의 고난과 역경, 부상을 짊어지고 어려운 중증외상환자들을 진정으로 고려하는 조직의 수장은 매우 적습니다. 가슴 아픈 현실입니다.

정치가 바로 서지 않으면 이국종 교수 같은 지사(志士)는 뜻을 펴기가 어렵다. 정치가 무너지면 후진국 되는 건 금방이고, 급기야는 국민이 끼니와 잠자리를 걱정해야 하는 극빈국이 된다. 불과 반세기 전의 우리 현실이었다. 소말리아 앞바다에 그토록 해적이 들끓는 것도 소말리아가 극빈국에다가 정치적 혼란으로 사실상 무정부 상태였기 때문이다.

아덴만 여명 작전에서 체포되어 재판을 받고 교도소에 수감된 소말리아 해적들이 난생처음으로 하루 세끼 밥을 먹고 침대에서 잠을 자고 나서 내놓은 감옥 체험 소감이 우리가 사는 세계의 실상을 말해준다. "고향으로 돌아가고 싶지

않다. 가족까지 데려다가 감옥에서 살고 싶다."
 고도로 문명화된 21세기 세상에서도 하루 세끼 밥과 따듯한 잠자리마저 당연한 것이 아니다. 정치가 망하면 어떤 나라 국민도 '소말리아 해적'이 될 수 있다.

거짓 프레임은 놔두면 사실이 되고 만다
이재명이 허위의 프레임을 대하는 법

그 무슨 학예회 하는 것도 아니고…

이재명은 허위로 조작한 프레임을 씌워 공격하는 데는 단호하게 맞섰다. 또 토론에서 자기 말만 하고 이재명의 말을 자르는 상대방은 토론 규칙을 들어 제압하고 할 말을 했다.

경기도지사 재직 시절 국정감사장에 출석한 이재명은 국민의힘 의원들이 허위 사실로 자신을 음해하자 강력하게 항의했다.

"이래서 국회의원의 면책 특권을 제한해야 합니다. 이런 명백한 허위 사실을 감히 국민 앞에 보여서 틀어주고, 국민이 위임한 권한을 가지고 이런 식으로 음해해도 되는 겁니까?"

국민의힘 김도읍 의원이 자기 말만 하고 이재명의 말을 끊자 "일방적으로 주장한다고 진실이 되지 않습니다. 저한테도 답변할 기회를 주시면 좋겠습니다"라고 했지만, 계속 말을 끊자 국정감사장을 학예회에 비유하며 점잖게 경고했다.

"의원님, 제가 답을 좀 드리겠습니다. 자꾸, 그 무슨 학예회 하는 것도 아니고, (문제를 제기했으면) 답할 기회를 주십시오. 국민이 위임한 권한을 활용해서 이 명백한 허위 사실들로 명예 훼손하고, 선거에 부당한 영향을 미치는 것, 이거 명백하게 공직선거법 위반인데, 당연히 저희도 이 점에 대해서는 법적 조치를 안 할 수 없겠지요."

정치학자들은 선거 정치에서 프레임이 중요한 전략이라는 건 인정하지만, 그것이 양당 정치의 무능을 해결해주지는 못한다고 말한다. 프레임은 시대에 따라 포장만 잘했지 내용은 그대로여서 다수의 사회경제적 약자에게 아무런 해법을 제시하지 못한다는 데 대체로 동의한다. 프레임에 말리지 않으면 선거에서 승리할 수는 있겠지만, 그게 국민의 삶에 무슨 보탬이 될까, 의문을 던진다. 그러므로 프레임 싸움을 잘하기보다 정치 역량을 키우는 게 먼저라고 충고한다. 하지만 이재명의 생각은 좀 다르다.

정치 현장에서 제가 경험한 얘기를 해보면, 정치는 미사일 대신 말 폭탄이 오가는 언어 전쟁이라는 거예요. 그래서 프레임을 끊임없이 연구해야 한다고 생각합니다.

저쪽 프레임에 맞장구쳐주면 결국은 상대방 프레임의 색채를 강화하는 결과밖에 안 됩니다. 상대방 용어를 부인하거나 (그에 대해) 변명하는 것도 안 돼요. 완전히 새로운 말을 만들어야죠. 가령, 무상 프레임도 사실 좋은 프레임에서 나쁜 프레임으로 바뀐 경우입니다. 언론 환경이 '무상'을 '공짜' 이미지로 바꿔버렸잖아요. 그때 야당 대답이 궁색했어요. 공짜 아니야, 공짜가 왜 나빠? 이렇게 나오니까 지는 거죠. 그 바탕에는 성장이냐 분배냐 하는 기득권의 구식 프레임이 있다고 봅니다.

성장 아니면 분배, 이렇게 나눠버리니까 마치 복지 얘기를 하면 성장은 신경도 안 쓰는 것 같지요. 복지가 밥만 축내는 낭비로 보여서 결국 대중도 성장 쪽으로 돌아서는 것이잖아요. 사실 성장과 분배는 상대적인 개념이 아니잖아요. '분배하면 더 성장한다', 아니면 '지금까지는 불공정한 성장이었지만 이제는 일한 만큼 받는 공정한 성장을 해보자', 더 간단하게는 '우리가 낸 세금 우릴 위해 써라', 이런 말로 바꿔야죠. 모든 영역에서요.[20]

---

20 이재명·서해성, 《이재명의 굽은 팔》, 김영사, 2017.

이재명표 행정의 백미였다

　전두환 정권은 88서울올림픽을 앞두고 도시 미관을 해친다는 이유로 갑작스럽게 빈민가 철거를 밀어붙여 철거민들의 격렬한 반발을 샀다. 1986년 상계동 빈민가 철거가 대표적인데, 철거민들이 투쟁에 나서 87년 항쟁의 기폭제로 작용했다. 또 이 무렵 송파 석촌호수를 둘러싸고 있던 포장마차를 불법이라며 일시에 강제 철거하여 상인들의 원성을 사기도 했다.
　권위주의 정권에서는 (불법이라지만) 국민의 생존이 걸린 문제를 이런 식으로 처리했다. 하기야 정치와 민주주의가 부재하던 시절이니 국민은 대화와 설득의 대상이 아니라 통치와 지배의 대상으로 여기는 터여서 정권의 안위에 앞서 국민의 생존을 걱정할 리 없었다.
　2019년, 이재명 지사가 취임한 이듬해 여름부터 경기도는 시군과 함께 도내 198개 하천과 계곡을 돌아다니며 평상과 방갈로 등 불법 시설물을 점검하기 시작하여 마을 주민들과 상인들을 대상으로 수십 차례 간담회를 통해 자진 철거의 당위성을 설명하고 이견을 좁혔다. 철거하는 데 방점을 두지 않고, 철거 후에 마을 주민이나 상인들이 생계를 이어갈 것인가에 방점을 두고 철거 정책을 설계하고 시행한 결과 별 잡음 없이 자진 철거를 끌어냈다. 공무원들의 강력한 의지와 상인들의 협조로 2020년 7월 198개 하천에서 불법 시설물 1만 1,383개의 철거를 완료했다. 그래서 역사 이래 가장 성공적이고 모범적인 데다가 국민 친화적인 철거로 기록되었다. 이재명표 행정의 백미였다. 그 비결은 뭘까?

이런 대규모 철거 작업이 어찌 처음부터 순조롭기만 했겠는가? 반발도 거셌다. 하천 감시원과 계곡 지킴이들은 현장 통고 및 계고장 발송, 고발, 행정 집행 과정에서 협박도 당했다. 그것도 하나의 과정이라 생각하고 그럴수록 더 자주 만나 토론하고 설득하는 일을 한시도 멈추지 않았다. 철거 후의 지원 정책을 제시하며 '도울 수 있는 일은 뭐든 돕고 지원하겠다'고 약속하고 또 실제로 그렇게 했다. 이렇게 신뢰를 주자 주민들이 적극적으로 자진 철거에 나서면서 수십 년 동안 제자리걸음이던 숙제가 1년 만에 말끔하게 해결되었다.

불법 시설물이 철거된 계곡과 하천은 도민의 쾌적한 쉼터로 변신했다. 공동화장실, 주차장, 생태관광 수변 데크 등 생활편의 인프라가 조성되었다. 장흥계곡은 문화예술이 흐르는 공간으로 새롭게 태어나 주말이면 버스킹 팀이 공연했다. 포천 백운계곡 상인들에게는 푸드트럭 사업을 희망하는 창업자를 대상으로 월 10만 원의 저렴한 임대료로 빌려줬는데 지원되는 차량은 냉동고, 가스레인지, 싱크대, 조리 작업대, 환기 팬, 수납함, 배전반 등 식음료 영업이 가능한 각종 설비를 고루 갖췄다.

    이렇게 말로 하는 것이 정치고, 그 정치는 무엇보다 앞서 국민의 안전과 삶을 보살펴야 의미를 지닌다. 이재명은 지금껏 살아오면서 이런 사실을 머리로 배우기에 앞서 온몸으로 겪고 느껴온 사람이다. 그래서 그는 기층 민중의 아픔과 바람을 누구보다 잘 아는 정치인이다.

04

당장 할 수 있는
일부터 한다

—

이재명의 정책

    인간에게 노동은 무엇인가? 이재명에게는 아픈 물음이다. 소년공으로 노동하던 7년간 그는 사람으로 대접받아본 기억이 별로 없다. 99원 가진 자가 달랑 1원 가진 노동자의 호주머니를 털어 100원을 채우려는 극한 욕망의 불구덩이에서 그는 타죽지 않고 용케 살아나 노동자도 사람답게 사는 세상을 만들고자 멀고도 험난한 길을 걸어왔다.

이재명과 만나면 살아난다
성남시와 경기도를 살린 실력

〽

부동산 문제로 돌아선 민심

대한민국에서 부동산 문제는 병역 문제와 더불어 민심이 가장 민감하게 반응하는 문제다. 더구나 박정희 개발 독재를 거치면서 불패 신화를 이어온 부동산 '투기'는 권력의 상층부와 직결된 구조적인 문제여서 민심이 바라는 대로 개혁에 성공하지도 못했고 성공할 수도 없었다. 우익 세력은 노무현·문재인 정부가 집값을 천정부지로 올려놓았다고 책임을 떠넘기지만, 집값에 대해서는 역대 어떤 정부도 책임을 면할 수 없다.

우리나라 부동산의 역사를 들여다보면 1970년대 박정희 정권의 강남 개발로부터 욕망이 개화된다. 그 욕망의 발원지는 바로 정권의 심장부였다. 강남이고 여의도고 개발계획을 세워놓고 발표하기 전에 정권 차원에서 정보를 독점하고 노른자위 땅을 선점하여 어마어마한 차익을 얻은 사실은 삼척동자도 다 아는 사실이다. 그 불법 땅 투기로 정치자금을 조달한 공화당을 이어받은 당이 지금의 국민의힘이다. 부동산 가격 폭등을 일으킨 원류가 (구조적인 문제로 비록 실패했지만) 그나마 집값을 잡으려 노력한 정권에 책임을 떠넘기고 있으니 적반하장의 행태다.

이런 가운데 부동산 문제는 다분히 감정적인 문제로 비화해서 개인 차원의 문제나 사소한 문제 하나가 정권 전체를 덮어버리기도 한다. 노무현 정부 청와대 이모 홍보수석이 강남에 아파트 2채를 가진 상태에서 2006년 "지금 집 사면 낭패"라는 브리핑을 한 일로 민심이 싸늘하게 돌아섰다. 집값을 잡으려고 참여정부 5년간 기울인 노력이 이 일로 허사가 되고 말았다. 정부 정책은 국민의 신뢰를 받지 못하면 성공할 수 없기 때문이다.

이 여파로 여당은 2006년 지방선거에서 전멸하다시피 참패하고, 2007년 대선에서 여당 후보 정동영은 야당 후보 이명박에게 역대 최다 차로 패했다. 이명박 1,149만여 표, 정동영 617만여 표, 이회창 355만여 표 득표였다.

그런데 부동산 문제로 돌아선 민심이 공개적으로 재벌, 부자를 편들고 부동산 투기의 본산과도 같은 한나라당 후보를 대통령으로 뽑은 건 아이러니다. 당시 부자 열풍에 휩쓸린 대중이 부자 만들어주겠다는 '기업인' 출신 후보의 말에 솔깃했을 법하다.

왜 이재명인지를 증명했다

2006년 지방선거 낙선으로 '부동산 민심'을 절감한 이재명은 민주당 주도의 정치 복원을 위해서는 부동산 패권과의 전쟁을 피할 수 없다고 판단했다. 그는 2010년 지방선거에서 승리하여 성남시장으로 취임하자마자 부동산 패권세력과 정면으로 맞서 핵심을 찔러 들어갔다. 적잖은 내상을 입었지만, 이재명의 승리였다. 8년간 성남시장으로서 보여준 그의 정치력과 행정력은 한낱 기초단체장의 역량을 아득히 넘어선 것이어서 그는 전국적인 정치인으로 발돋움했다.

그럴수록 저들의 공격은 더욱 험악해지고 비열해지고 끈질겨졌지만, 그는 2018년 경기지사 선거에서 압승을 거두고 왜 이재명인지를 증명했다. 경기지사 취임 2주 후 그는 SNS를 통해 "오늘 당장 할 수 있는 일부터 하겠다"고 알렸다.

> 27세에 취업한 청년이 수도권에서 내 집 하나 장만하는 데 왜 15년에서 25년이나 걸리는지, 왜 그 기간은 점점 늘어만 가는지 의문이다. 우리 사회 뿌리 깊은 불평등의 구조는 어디서 기인하고, 어떻게 해결해야 할까? 경기도민이 맡겨주신 권한으로 오늘 당장 할 수 있는 일부터 시작하겠다.

이재명은 문제를 포착하면 대책을 연구하고 마련하는 한편으로 당장 할 수 있는 일을 찾아 실행했다. 부동산 문제 역시 정책의 신뢰에 성패가 달렸다고 여겨 경기도 4급 공무원과 공공기관 임원은 그해 연말까지 실거주 외 주택은 모두 처분하도록 지시했다. 나아가 고위 공직자에 대해 주거용 1주택을 제외한 부동산 소유를 금지하는 부동산 백지신탁제 도입을 주장했다.

그는 또 경기주택도시공사를 통해 건설공사 원가 공개, 후분양제를 도입하여 소비자 보호장치를 마련했다. 특히 후분양제는 아파트 공급의 일대 혁신으로 받아들여졌지만, 따져보면 비상식에서 상식으로 돌아가는 일이다. 거의 모든 상품이 완성품을 가지고 거래가 이루어지는데, 집을 거래하는 데만 짓기도 전에 돈을 내는 건 상식적이지 않다. 모델하우스가 있다지만, 그건 계약용 눈속임으로 신뢰를 잃은 지 오래다. 그러므로 후분양제는 공급사의 부실 시공과 계약 위반을 막는 유일하고도 가장 효과적인 방안이다. 또 분양권 전매 원천 봉쇄로 인한 투기 수요 억제도 기대하는 효과다.

어려서부터 소년공 시절까지 기본 삶을 누리지 못하고, 노동 변호사가 되어서는 그런 삶을 숱하게 만나온 이재명은 국민의 기본 삶이 보장되는 세상을 꿈꿔왔고 정책으로 구현하기 위해 무진 애썼다. 성남형 '기본소득'에 이어 경기도형

'기본주택'도 그렇게 추진된 정책이다.

기본주택은 다주택이나 고가주택 소유 억제에 매몰된 중앙정부의 집값 안정 대책에서 발상을 전환한 실제적인 정책이다. 경기도 내 무주택자를 위해 역세권에 정주 여건 좋은 다양한 평수의 주택을 갱신 가능한 기본 30년 계약으로 주변 임대(월세) 시세의 50% 수준으로 제공하는 서비스가 기본주택이다. 양질의 임대주택을 반값에 공급함으로써 굳이 인생을 몽땅 저당잡혀 내 집을 마련하려는 욕망을 해소하려는 정책이다.

정책의 성과는
시민들의 신뢰로부터 나온다

이재명은 2016년 대선 공약 정책 개발을 계기로 좀 너 근본적인 대책을 구상했다. 국토보유세를 신설하자는 것이다. 부유세의 하나라고 할 수 있는 국토보유세는 국민 소유의 국토에 세금을 매기고 이용자에게 부과하는 세금이다. 이렇게 마련한 재원으로 기본소득을 지급하는 등 국민의 기본 삶을 돌보는 데 사용하는 방안이 국토보유세의 대체적인 구상이다. 당시의 부동산을 비롯한 비금융(실물)자산이 78%, 부동산 소득이 GDP의 23%에 이르렀다. '부동산 망국론'이 과장은 아니었다.

그로부터 8년이 지난 2024년에도 비금융자산 비율은 큰 변화가 없다. 그리고 지난 8년 동안 국민순자산은 가구당 평균 4.1억에서 5.4억으로 증가했지만, 소득 계층별 격차가 심화하면서 삶의 만족도는 2019년 이후 처음으로 하락했다. 특히 부동산 가격 상승과 경기 둔화가 양극화를 심화시키는 가운데 저소득층의 자산 감소와 만족도 하락이 두드러졌다.

그러므로 이재명이 2016년에 구상하여 구체화해온 국토보유세는 오늘날에 와서 더욱 유효한 수단으로 부상하고 있다.

국토 개발이 불러오는 지대 상승은 불평등을 심화하는 가장 큰 요소다. 지주는 사회에 이바지하는 바 없이 토지 선용의 대가로 지대 이윤의 혜택을 누리고 이 사회와 산업 발전에 이바지한 노동자에게는 아무런 보상도 없이 지대 부담을 소비세로 전가하여 노동 사기를 꺾고 노동 가치를 깎으며 기만을 장려하고 노동자를 빈곤에 빠뜨린다. 노동자가 아무리 열심히 일해도 남는 게 없는 이유는, 심지어 빚만 늘어나는 이유는 토지 독점이 조세의 불평등을 초래하기 때문이다. 조세 불평등을 해소할 유력한 방책이 바로 국토보유세다.

이재명은 성남시장으로 재임한 8년간 시민이 기본 삶을 누리도록 다양한 정책을 발굴하여 실행했는데, '위기의 성남'을 '기회의 성남'으로 바꾼 3대 정책은 무상 교복 제공, 공공산후조리원 설립, 편안한 노후 부양이었다. 청소년이 즐겁게 학교에 다니고 미래를 설계할 수 있는 도시를 위한 기본 정책이 무상 교복이고, 그 청소년이 청년으로 성장하여 서로 사랑하고 결혼하고 아이를 낳아 기르기 좋은 도시를 위한 기본 정책이 공공산후조리원이며, 평생을 가족과 사회에 헌신한 노인이 자존감을 잃지 않고 살아갈 일거리와 소득이 있는 도시를 위한 기본 정책이 편안한 노후 부양이다.

이재명은 바로 이 3대 정책의 재원을 마련하기 위해 부동산 패권 카르텔과 생사를 건 전쟁을 벌인 것이다. 이재명의 정책이 현실의 삶으로 피부에 와닿는 건 "답은 언제나 현장에 있다"는 투철한 현장주의에 기인한다. 그리고 그 정책들이 대개 성공하는 건 "정책의 성과는 시민들의 신뢰로부터 나온다"는 교훈을 한시도 잊지 않은 까닭이다.

돈이 없는 게 아니라
허투루 쓰이는 게 문제다

이재명은 아는 '10만 원'의 행복

그런 프레임이 얼마나 허구인지를 만천하에 증명

　한때 "보수는 부패로 망하고 진보는 분열로 망한다"는 말이 정치 격언처럼 떠돌았다. 이 말에는 '보수는 유능하다'는 의미가 전제되어 있다. 그러나 한국의 보수는 유능한 적이 별로 없다. 저들이 국부로 떠받드는 이승만은 가난 구제는커녕 민생을 도탄에 빠뜨리고 민주주의마저 말아먹었다. 게다가 안보에 실패하여 국토는 초토화하고 국민의 주검이 산을 이루었다. 박정희, 전두환이야 왕으로 군림한 독재자이니 유능 무능을 따지는 건 민망하다. 김영삼은 경제를 말아먹어 IMF 사태를 초래했고, 이명박은 4대강 삽질에다 자원외교 사기까지 국토를 훼손하고 국가 재정을 훔쳤다. 무능도 모자라 도둑질까지 한 것이다. 박근혜와 윤석열이야 자기들 취미생활 말고는 도대체 한 일이 없으니 논할 것도 없다.

이재명은 "보수의 이름으로 자신을 은폐한 수구 기득권 세력은 '보수는 부패하지만 유능하다', '진보는 깨끗하지만 무능하다'는 프레임을 만들었다. 부패 기득권 세력의 엄폐물인 '가짜 보수'를 경계해야 한다. 가짜 보수는 우리 사회에서 철저히 제거해야 한다"고 주장한다.

보수가 정작 자기들 무능을 감추려고, 이재명이 지적한 대로 '진보는 무능하다'는 프레임을 만들었다. 그래서 이재명은 그런 프레임이 얼마나 허구인지를 만천하에 증명하려고 시장을 거쳐 도지사가 된 이후에도 변함없이 진짜 머슴처럼 그토록 열심히 일했다. 그리고 저들도 인정할 만큼 성과를 냈다. 청렴하고 유능하기까지 한 이재명이 저들로서는 두렵지 않을 수 없다.

성남시장 이재명의 공약 이행률은 96%다. 그가 더 기뻐한 건 80%에 이르는 성남시민의 시정만족도다. 그의 시장 재임 4년 만에 성남은 '이사 가고 싶은 도시'에서 '이사 오고 싶은 도시'로 변모했다. 시의회 다수를 차지한 새누리당 의원들의 계속된 발목잡기에도 불구하고 이룬 성과여서 더욱 놀랍다. 그러니 윤석열이 비상계엄령 내란의 핑계로 내세운 "다수당의 의회 독재"는 구차하다.

"지킬 수 있는 공약만 내걸고, 한번 한 약속은 목숨 걸고 지키면 된다."

높은 공약 이행률의 비결이다. 그러려면 생활 일선에서 시민들을 만나야 한다. 그는 4년간 아침마다 집에서 시청까지 탄천길을 걸어 출근했다. 비닐봉지를 들고 걸으며 쓰레기를 줍고 시민들을 만나면 반갑게 인사를 나누고 얘기를 듣기도 했다.

한편으로 시민소통관을 두고 SNS를 체계적으로 활용한 성남시의 즉각 행정에 시민들은 감동했다. 성남시 트위터 공식 계정 및 135명의 시민소통관 팔로워는 70만여 명을 헤아렸다. 당시 성남시 인구가 95만여 명이다. 시민들은 민원 사항이 있으면 민원실을 찾거나 전화를 걸 필요도 없이 트위터에 올리기만 하면 소통관이 즉각 담당 직원을 현장에 보내 민원을 처리하고 결과를 트위터를 통해 보고했다. 이 과정에서 관급 공사의 부실 시공이 속속 드러났다. 이재명은 부실 시공으로 인한 재시공 비용은 시공업체가 전액 부담하도록 조치했다. 이후 성남시에서 발주한 관급 공사는 부실 시공이 사라졌다.

이러다 보니 새누리당이 다수인 시의회가 타당한 명분 없이 시정의 발목을 잡으면 시민들이 나서서 해결해주었다. 보수 진보를 가리지 않고 거의 모든 시민단체, 경로회, 아파트 주민 대표 등이 나서서 새누리당 시의원들, 지역 국회의원들에게 항의하고 중앙당에까지 달려가 시정에 협조하도록 압박했다. 그야말로 정치인 '이재명 맛'에 들린 시민들은 좌우, 보수 진보를 가리지 않고 그가 시정에 전념할 수 있도록 전폭 지지하고 지원했다. 그래서 저들이 진작에 이재명을 두려워하게 된 것이다.

10만 원의 행복, 이재명이 정치하는 이유

성남시장 이재명은 실속 없이 거창하게 벌이는 과시용 사업 관행을 없앴다. 그는 단체장이 시민을 팔아 자기 업적용 사업을 남발하는 것을 죄악시했다. 시민의 피와 살을 뜯어 자기 배를 불리는 짓이라는 것이다.

그래서 그는 '소일거리 사업'을 다양하게 발굴하여 65세 이상 노인들이 용돈을 벌어 쓸 수 있도록 했다. 한 달에 20시간 일하면 10만 원을 지급하는 사업이다. 주로 용돈이 궁한 노인들이 나와 참여했다. 하루 2시간씩 활동하는데, 사는 즐거움이 살아나고 청춘으로 돌아간 듯하다며 행복해했다. **형편이 좋은 사람한테는 10만 원이 푼돈일지 모르지만, 그 돈으로 삶이 달라지는 노인들이 생각보다 많다. 가난한 노인들에게는 다달이 생기는 그 10만 원으로 자존감을 확인하거나**

행복할 일이 너무 많다. 일찍이 소년공 시절에 남들이 푼돈이라 말하는 그 돈이 얼마나 큰돈이고 소중하게 쓰이는 돈인지를 뼈저리게 겪은 이재명은 우리 이웃의 가난한 노인들도 그렇다는 걸 누구보다 잘 알았다.

이재명이 시장 선거 공약으로 취임 첫해 기본소득 지급액으로 50만 원을 제안하자 다른 후보가 월 8만 원으로 외식비 주느냐고 비아냥댔다. 8만 원이 그 후보한테는 한 끼 외식비밖에 안 되겠지만, 가난한 노인한테는(아니, 청년이라도) 한 달의 행복을 사고도 남을 만큼 큰돈이다. 10만 원의 행복. 이재명이 정치하는 이유다.

선별복지는 가난한 사람을 거지 취급한다

기본소득으로 시작하는 이재명의 보편복지

'기본소득' 실험과 보편복지의 가능성

　선별복지냐 보편복지냐 하는 건 오래된 논쟁이다. 그러나 이런 이분법적 논쟁은 의미가 없다. 복지는 한 가지 형태만으로 운영할 수 없기 때문이다. 정책 분야나 집행 방식 등에 따라 적합한 복지 형태가 다르므로 보편복지와 선별복지의 적절한 조화가 필요하다. 미국의 정책은 선별복지 성향이 깅하지만 교육 등 일부 분야는 보편복지에 가깝다. 노르웨이나 스웨덴 같은 북유럽 국가들은 기본적으로 보편복지를 지향하지만, 일부 분야는 선별복지에 가까운 제도를 채택한다.

　우리나라는 복지 형태를 따지기에 앞서 복지 규모가 절대 부족한 문제가 있다. 그 부족한 부분을 취약 계층의 복지 공백으로 커버하는 실정이다. OECD 최고 수준인 노인의 상대 빈곤율만 봐도 알 수 있다.

경제 규모 10위권인 한국의 GDP 대비 사회복지 공공부문 지출 비율은 OECD 29위로, OECD 평균인 20%의 절반에 불과한 11% 선이다. 이에 따른 복지 공백의 비극은 2014년 발생한 송파구 세 모녀 사건 등이 극명하게 보여준다. 한국은 빈곤 갭 비율이 39%로, OECD 국가 중 스페인(42%), 멕시코(41%)에 이어 세 번째로 높다. 빈곤 갭은 빈곤 가구의 소득이 빈곤선(기준 중위소득의 50%)과 얼마나 떨어져 있는지 표현한 수치로, 그만큼 복지 사각지대에 놓인 국민이 많다는 의미다.

그래서 **이재명은 성남시장으로 재직할 때부터 '기본소득' 실험을 통해 보편복지의 가능성을 높여왔다. 그는 막연한 짐작이나 설익은 연구로 정책을 추진하는 사람이 아니다. 다양한 세계적인 사례 연구를 통해 우리 실정에 맞는 규모와 방식으로 복지 정책을 고안하고 실행했다.**

세계 여러 나라에서 빈민층을 대상으로 현금으로 기본소득을 지원했을 때 대체로 성공적인 결과가 나왔다. 가령, 케냐에서 빈민층을 대상으로 국제사회가 현물이 아닌 금전을 직접 지원했을 때 지역개발 및 빈곤 탈출에 더 효과적이었다.

BBC에 따르면 국제사회가 조건 없이 현금을 공여한 결과, 빈민층의 식생활 다양화, 학교 출석률 개선, 의료기관 방문 증가, 가계 저축률 및 자산 투자 증가 등이 나타났다. 또 하버드대학교와 MIT 경제학과 학생들이 주축이 되어 운영 중인 봉사단체가 케냐 서부에서 1인당 1,000달러씩 무조건 지원한 결과 학비 납부와 농축산 상품 구매 등이 개선되었고, 구호 활동에 필요한 행정비용이 감소했다.

이에 대해 영국의 국제개발부(DFID)를 비롯한 국제사회는 '기본소득을 공여받은 사람들이 게을러진다거나 술을 사는 데 현금을 허비한다는 근거는 없다'고 밝혔다. 사람들 대부분은 돈이 생기면 빚을 갚거나, 자녀교육에 투자하거나, 자기실현을 위해 생산적인 활동에 뛰어들었다. 국내에서의 기본소득 실험도 그와 같은 긍정적인 결과가 나왔다.

복지 정책은 어렵게 재원을 조달하고 나면 선별지급론이라는 '이념'의 벽을 넘어야 한다. 이재명은 선별지급을 본말이 뒤집힌 결과라고 지적한다.

조세 저항에 지레 절망해 재원 마련 대책 수립을 외면한 결과 '있는 돈을 어디에 쓸지 고민하게 되고, 그 답을 선별지급에서 찾으려 한다. 보편지원보다 선별지원이 효율적이라는 주장은 이미 확보된 재원을 쓸 때는 맞지만, 재원을 새로 확보해야 할 때는 안 맞다. 자신에게 혜택은 전혀 없으면서 추가 세 부담을 지우는 데 흔쾌히 동의할 납세자는 없기 때문이다. 10명에게 1,000원씩 나누기 위해 1만 원을 능력에 따라 걷는 건 쉬워도, 형편이 어려운 1명에게 1만 원을 주기 위해 5명이 2,000원씩 걷기는 쉽지 않다. 기본소득은 모두에게 지급되는 복지경제정책으로 증세하기 쉽지만, 소수만 혜택을 보는 선별복지나 고용보험을 위한 증세는 쉽지 않다.

이렇게 생각하면 더 이해하기 쉽다. 부자 친구가 함께 밥을 먹고 함께 먹은 사람들 밥값까지 내기는 쉬울뿐더러 사실 흔하지만, 아무리 큰 부자라도 자기만 빠진 회식 자리의 밥값을 내기는 어려울뿐더러 사실 거의 없다.

모두 지급의 효용은 지난 코로나 사태에서도 증명되었다. 국민 모두에게 지급된 재난지원금은 '그래, 세금은 이렇게 쓰는 거야!' 하는 호응을 불러일으켰다. 그 지원금이 도움이 되었다는 응답이 72%에 이르렀다. 선별에 따른 행정력 낭비도 없었고, 조세 저항 심리도 한결 누그러지는 효과까지 얻었다. 사실 선별지급은 소득 상위 국민이 소득 하위 국민의 뒤치다꺼리를 하는 셈이어서 가난한 사람들을 거지 취급하는 프레임에 걸리기 좋다. 이런 프레임은 공동체를 둘로 분열시켜 복지 대상자는 증오와 조롱과 경멸의 대상화로 공격당하기 쉽다.

SOFI(스톡홀름대 사회정책연구소)의 발테르 코르피 교수는 논문 〈재분배의 역설〉을 통해 선별복지의 문제점을 조목조목

짚었다.

빈곤층을 대상으로 한 선별적 복지가 투자예산 단위당 재분배 효과는 높을 수 있다. 그러나 복지 정책과 관련한 계층간 연합이나 분배예산 규모 등 다른 요인들 때문에 결국은 보편적 복지의 재분배 효과가 높게 된다. 선별적 복지는 고소득층과 중산층을 복지 혜택에서 배제하기 때문에 이들이 복지 정책과 관련해 빈곤층을 제외한 계층연합을 형성하게 된다. 이것은 세금과 복지국가 거부로 나타난다. 반면, 보편적 복지를 하면 대부분 계층이 혜택을 입기 때문에 저소득층과 중산층이 모두 복지 정책을 지지하게 된다. 이런 계층연합은 정치적 차원에서 복지예산 규모 자체를 키우게 된다.

경제학자들 대부분은 세금이 많으면 노동 의욕을 낮추고 복지병을 일으킬 것이라고 주장한다. 그러나 그렇지 않다. 사람들이 낸 세금이 다시 복지 형태로 되돌아온다. 이들은 이걸 놓치고 있다. 돈이 사라지는 게 아니라 다시 돌아오는 것이다. 단지 회사에서 받는 임금만이 노동 의욕의 원천이 되는 것은 아니다. 세금을 내도 경제에 긍정적이라는 게 나의 기본적 생각이다.

보편적 복지 모델이 좋다. 이를 위해서는 세금을 늘

리고 모든 사람에게 복지 혜택이 가게 해야 한다. 복지제도가 모든 사람에게 혜택을 준다는 사례를 보여줄 필요가 있다. 스웨덴도 처음엔 엄격한 자산 조사를 바탕으로 한 선별적 복지로 시작했다. 그러나 차츰 국민의 복지 요구가 높아지면서 복지 혜택 스펙트럼을 넓혀왔다. 스웨덴에선 노조 같은 조직이 이를 추진하는 동력이 됐다.

복지는 헌법이 부여한 국가의 의무이자 국민의 권리

기본소득은 이재명이 주창하는 복지의 미래다. 우리 사회 공동자산으로부터 생긴 공동의 이익을 모두가 공평하게 취득하도록 하자는 게 그의 기본소득 철학이다. 우리 사회에서 혁신성이 가장 뒤떨어진 사람이 정치인이다. 정치인들은 가보지 않은 길을 굳이 가려고 하지 않는다. 그러나 이재명은 한 번도 가본 적이 없는 길이라도 이 길이라고 판단되면 거침없이 나아간다. 그래서 비겁한 정치인은 자신들의 비겁함이 드러날까봐 이재명의 혁신과 용기를 인기영합주의로 매도하고, 끊임없이 태클을 건다.

기본소득을 비롯한 보편복지의 헌법적 가치는 "복지는

가난한 사람들을 돕는 자선이나 시혜가 아니라 주권자의 인간다운 삶을 위해 헌법이 부여한 국가의 의무이자 국민의 권리"라는 데 있다. 이재명이 대장동 개발이익을 환수하여 주민에게 돌려주었듯이, 공공의 이익을 배당 개념으로 주민에게 돌려주는 건 상식이다. 그런 상식조차 지키지 못하도록 공산주의 프레임을 씌워 공격하는 게 저들의 수준이다. 그러나 기본소득에 관한 이재명의 소신은 확고하고, 많은 연구와 실험이 그것을 옳다고 증명한다.

> 정부의 모든 재원은 국민의 것이고, 정부는 국민을 위해 일하기보다 국민의 일을 대리합니다. 그러므로 국가적 재난으로 인해 국민 모두 위기에 처했을 때 정부의 재원과 권한으로 국민의 무너지는 삶을 보듬고, 침체하는 경기를 북돋우며, 미래의 불안과 불확실성을 제거하는 것은 정부 의무이고 국민의 당당한 권리입니다. 이에 따른 재정 지출은 국민을 대상으로 지원한다기보다 국가의 주체인 국민이 당연히 누려야 할 권리입니다.

저들은 이재명의 기본소득이 기존의 복지를 대체할 것이므로 '속 빈 강정'이라고 공격했다. 그러나 이재명은 "기본소득은 국민의 동의를 전제로 새 재원을 만들어 복지를 확대하는 개념이므로 복지 대체라는 염려는 기우"라고 못 박았다. 거기서 더 나아가 라디오 시사 프로그램 〈김현정의 뉴스 쇼〉 인터뷰를 통해 기본소득은 복지 정책보다는 경제 정책에 가깝다고 설명한다.

기본소득은 정부가 불쌍한 국민을 돕기 위해 돈을 나눠주는 개념이 아니고, 경제 선순환을 위해 재정 지출을 어디에 하는 게 가장 효율적이냐를 따져서 내놓은 정책 개념입니다. 그러니 기본소득을 두고 '돈 없는데 어떻게 준단 말이냐', '최소한 생활비는 줘야 하는데 그 돈을 어디서 나서 주느냐', 이렇게 얘기하면 안 됩니다. 기본소득은 복지 차원 이전에 경제 정책 그 자체입니다.

좋은 정책은 좋은 공부에서 나온다

정책 수립을 위한 이재명의 생각과 공부

학력의 공백을 독서로 메운 열렬한 독서인

우리나라 현대 정치인 가운데 식견과 통찰 그리고 경륜이 가장 뛰어난 정치인은 아마 김대중일 것이다. 유신 정권 시절에 김대중은 4년간의 가택 연금과 3년간의 감옥 생활을 했다. 일찍이 평소에도 엄청난 독서가이던 김대중은 그 7년간 집에서든 감옥에서든 공부밖에 할 게 없었다. 1984년에 출간된 《김대중 옥중서신》(청사)에는 정치, 경제와 세계 정세는 물론이고 문·사·철에 걸친 그의 방대한 독서 편력이 고스란히 담겼다. 영어 원서를 읽기 위해 콘사이스 영한사전을 몽땅 외워버렸다는 일화도 전한다. 이 시기 김대중의 독서와 사유는 그 질과 양에서 엄청났다. '상고 졸업이 최종 학력인 김대중을 박정희가 대학에 보냈다'는 농담까지 돌았다.

같은 상고 출신인 노무현 역시 김대중에 버금가는 독서

인으로 그 공부와 사유가 일세를 풍미할 만했다. **이재명은 소년공으로 일하느라 중학교도 못 나온 검정고시 출신이지만, 그 공백을 독서로 메운 열렬한 독서인이다. 그는 습득 능력이 뛰어나서 그 바쁜 공무 중에 짬짬이 해온 공부의 성취가 놀랍다.** 그가 구상하고 실행 방안을 모색한 정책을 보면 그 성취의 깊이와 넓이를 알 수 있다. 무엇보다 그의 공부는 현실과 현장을 바탕으로 한다. 그래서 그의 정책도 현실에 기반을 둔 현장주의에 뿌리를 댄다.

이재명 평화경제론의 중요한 실마리

이재명은 성남시장으로 재직하면서 '공부 모임'을 만들어 다달이 한 번씩 국정 각 분야 선생님들의 발제를 듣고 토론을 통해 체계적으로 공부했다. 2016년 무렵이다.

첫 번째 주제는 최태욱 교수가 발제한 '민주주의'였다. 여기서는 다수제 민주주의에서 합의제 민주주의로, 소선거구제에서 중대선거구제나 비례대표제로, 정치 민주화를 넘어 경제 민주화로 이행하는 문제를 다루었다.

우리 정치가 궁극적으로 승자 독식 시스템의 굴레를 벗고 권력 분점과 타협 그리고 양보를 통해 다양한 이해관계를

조화롭게 반영하는 사회 구조가 바람직한 것으로 의견이 모였지만, 이재명은 '기득권 세력은 새로운 시스템이 자기들한테 유리하다는 판단이 서지 않으면 절대 받아들이지 않을 거'라고 염려했다.

우리 정치 현실에서 진보와 보수 또는 좌우의 이념은 실재하는지, 실재한다면 어떤 모습인지 살펴보았다. 이재명은 우리 사회를 진보와 보수 그리고 중도로 나누는 갈라치기를 프레임의 산물로 보았다. 사람들은 자기가 진보인지 보수인지 잘 모르는데 물어보니까, 둘 중 하나를 선택해야 하는 상황에 몰린다. 실상은 우리 사회의 70~80% 이상이 고용, 조세, 소득 분배와 같은 특정 제도로 피해를 보는 집단인데 그걸 숨기려고 자꾸 진보, 중도, 보수를 강제로 나눠서 프레임을 덧씌운 인상이라는 것이다.

그러므로 이런 위장막을 걷어버리고 '다수피해대중 대 소수기득세력', '상식 대 비상식' 하는 식으로 실체를 드러내어 정의롭게 이분하는 프레임을 만들어야 한다는 것이 이재명의 생각이다.

민주주의에 이어 노동 문제가 주제로 올라왔다. 특히 국제 기준에 한참 못 미치는 기울어진 노사 관계는 경제를 안정시키기 위해서라도 풀어야 할 숙제였다. 노사 협상을 하게 되면 정부 보증이 필요한데, 프랑스와는 달리 우리는 그런 게 부족하다는 것이다. 한국은 노조 조직률 10% 그대로 협약적용률도 10%에 불과하다. 프랑스는 노조 조직률이 8%로 한국보다 낮지만, 협약적용률은 80%가 넘는다.

현재 저부담 저지출 구조인 복지 확대의 난관을 두고 토론이 이어진다. '증세 없는 복지 확대'가 가능할까? 의문을 갖고 논의를 진전시킨다. 비리만 없애 예산 낭비를 최소화하면 가능하다는 결론에 이른다. 성남시와 경기도에서 이미 상당한 성과를 낸 경험이 있다. 국방 분야만 해도 당장 눈에 보이는 방산 비리만 막아도 수조 원을 마련할 수 있다.

방산 비리는 방위산업의 특수성에 기인한다. 방위산업은 국가 기밀 요소가 많아 외부 감독이 어려운 데다가 정보 공개가 제한적이다. 일부 핵심 관리자와 관계자들이 이런 특수성을 악용하여 방산 업무를 불투명하게 처리하고 부정한 이득을 취한다. 또 계약 과정의 복잡한 절차와 이권 다툼도 비리의 원인으로 작용한다. 군 장비나 무기 계약은 장기간에 걸쳐 진행되고 막대한 자금이 투입되는 만큼 계약을 둘러싸고 업체 간 로비와 경쟁도 치열하고 많은 관련자가 얽힌다. 모든 비즈니스 거래는 파이가 클수록, 경쟁이 치열할수록 부정한 금전 거래 유혹은 강렬해진다. 특히 방산은 '기밀 유지'라는 특수성으로 인해 비리의 온상이 되기 마련이다.

방산 비리는 예산 낭비 차원을 넘어 국가 안보에 심각한 위협을 초래한다. 군의 필수 장비나 무기 공급에 차질을 빚으면 국방력이 약화하고, 특히 불량 무기나 장비의 납품으로 전력에 손실이 발생하면 유사시 심각한 안보 위협에 직면할 수 있다. 다음은 지난 2009년 10월 8일 MBC 보도 내용이다.

> 지난 1999년 우리 기술로 개발돼 2000년부터 육군에 배치된 K-9 자주포는, 우리가 개발한 10대 명품 무기로 꼽힙니다. 세계에서도 독일에 이어 한국에서 개발된 첨단 무기로 대당 가격만도 수십억에 이릅니다. 그런데 어제 검찰이 K-9 자주포의 핵심 부품을 납품하는 한국무그와 K-9 생산업체인 삼성테크윈에 대해 전격 압수수색을 실시했습니다.
> 국민권익위원회로부터, K-9 자주포의 제작 납품 과정에서 부품 단가를 부풀려 수십억 원을 빼돌렸다는 조사 결과를 넘겨받았기 때문입니다. 검찰이 파악한 이번 군납 비리의 핵심은 한국무그 측이 삼성 테크윈에 K-9 자주포 발사장치의 핵심 부품인 발사 실린더를 납품하면서, 개당 650만 원에 거래된 이 핵심 부품의 납품가격을 1,200만 원으로 거의 두 배 가까이 부풀려 모두 40억 원을 빼돌렸다는 겁니다.
> 검찰은 또, 방위산업체 로우테크놀로지가 군에 야간

투시경을 납품하면서 부품가를 부풀리고 외국산을 국산으로 속인 혐의에 대해서도 수사를 벌이고 있습니다. 최근 해군 고속정 엔진 납품 비리에 이어 K-9 자주포, 그리고 첨단 군용장비인 야간투시경 등 군납 비리 의혹이 속속 드러나고 있습니다.

이에 따라 투명하게 공개할 수 없는 방위사업의 특수성을 이용해 군납 비리가 손쉽게 이뤄지고 있는 건 아닌지 방위사업에 대한 전반적인 점검이 필요하다는 지적이 제기되고 있습니다.

이런 방산 비리가 조 단위의 천문학적인 사업 예산이 들어가는 전투기나 전투함 같은 국방 기반 전력의 손실까지 초래하고 있어 무기 공급 체계 혁신이 시급한 상황이다. 지난 2014년 10월 26일 〈한겨레〉는, 1조 원을 들인 이지스함의 부실 건조 문제를 추적 보도했다.

1조 원을 들인 이지스함이 소음이 커 적의 기뢰나 어뢰 공격에 노출될 위험이 큰 것으로 드러났다. 군 당국은 이 같은 사실을 알면서도 실전에 배치한 뒤 배상금만 받고 사안을 종결했다.

26일 국회 국방위원회 소속 안규백 새정치민주연

합 의원이 방위사업청 등으로부터 받은 자료를 보면 2008~2012년까지 방사청이 납품받은 이지스함인 세종대왕함과 율곡이이함, 서애유성룡함의 가변추진기, 즉 프로펠러에서 기준치 이상의 소음이 발생했다.

군 당국은 이지스함의 프로펠러가 수중소음 발생 기준을 충족시키지 못한다는 사실을 알면서도 일단 실전에 배치했다. 이후 건조업체에 후속 조치를 요구했다. 업체는 "소음이 우리 제품 때문에 발생한다는 게 불명확하다"며 후속 조치를 거부했다. 이후 군 당국과 업체는 지루한 줄다리기를 계속했다. 결국은 지난해 10월, 업체가 4억 1,800만 원을 배상하고 마무리했다. 안규백 의원은 "군이 이지스함을 발주할 때 함정의 생명이라고 할 수 있는 수중방사 소음에 대해 '작전 요구 성능'을 명시하지 않는 등 부실의 빌미를 준 측면이 있다. 구조적인 개선이 시급하다"고 설명했다.

해마다 많게는 10조 원까지 훔쳐먹는 것으로 추산되는 방산 비리 근절을 위한 제도 개선이 필요하다는 데 의견을 모은 가운데 국회의 정보요구권 및 감시와 조사 기능 강화, 강력한 처벌과 제재 방안 마련, 내부 신고 및 보호 시스템 강화, 전문가 양성과 윤리 교육 강화, AI 기술을 활용한 관리 시스템

혁신 등을 비리 근절 조치 등이 제안되었다.

복지에 이어 다음은, 인제대 통일학부 교수 김연철(현, 한반도평화포럼 이사장)이 〈대북지원은 퍼주기가 아니다〉라는 주제로 발제했다. 그는 나중에 문재인 정부에서 통일부 장관을 역임했다.

통일의 토대와 평화 체제 구축을 위한 대북 경제협력과 차관 공여 그리고 인도적 지원에 저들이 싸잡아 '퍼주기' 프레임을 씌워 공격하는 행태는 김대중 정부 때부터 비롯되었다. 한나라당이 프레임을 띄우면 조선일보가 확대 재생산하여 열심히 퍼뜨렸다. 그 역할이 서로 바뀌기도 했다.

언론사 수습기자들에게 김대중·노무현 정부 10년간 북한에 '퍼주기' 한 금액이 얼마냐고 물으면 적어도 7~10조 원, 많게는 수십조 원이라고 대답한다. 신입이긴 하지만 기자들마저 이런데 일반인은 오죽할까. 저들의 악의적인 프레임 씌우기가 대성공을 거둔 셈이다.

2008년 9월 17일자 조선일보는 〈작년 남북정상회담 이행 비용, 1인당 32만 원꼴〉이라는 자극적인 제목으로 '대북 퍼주기 실상'을 비판하는 기사를 냈다. 여기에 "지난 10년간 북한 지원액의 4배 넘어, 이명박 정부 전면적인 이행에 부담감"이라는 부제를 달아 퍼주기 반감을 한껏 부추긴다. 기사 내용은 허무맹랑한 숫자까지 받아쓰기 형식으로 전하는데, 〈조선일보〉의 특기다. 언론사 데스크나 담당 기자의 검증은 아예 없다. 퍼주기 프레임에 도움이 된다면 인용부호 뒤에 숨어 아무 말이나 막 갖다 붙인다.

"2007년 노무현 대통령과 북한 김정일 국방위원장이 합의한 여러 경제협력 사업에 얼마나 많은 돈이 필요한지에 대한 정부의 추정치가 18일 처음으로 밝혀졌다. 통일부가 국회 제출 자료를 통해 14조 3,000여억 원 정도가 들 것이라 했다"며, 여기에 서울시 예산(19조 원)을 비교 대상으로 갖다 붙여 얼마나 거액인지를 실감시키려 눈물 나게 애쓴다. 여기서 그치면 〈조선일보〉가 아니다. 14조 얼마는 정부(통일부) 얘기고, "대외경제정책연구원(KIEP)에 의뢰한 결과, 최대 116조 원이 들 것이라는 분석이 나왔다"며 결정타를 날린다.

여기서는 〈조선일보〉도 인정하고 공식 근거로 사용하는 "김대중·노무현 정부가 지난 10년 동안 정부·민간 차원에서 북한에 지원한 비용 3조 5,000억 원"에 대해 따져보자. 여기에 포함된 민간 상거래 형식의 지원액, 대북 경제협력 금액, 차관 형식의 지원 금액 등을 빼면 순수 '퍼주기' 금액은 10년간 2조 366억 원, 연평균 2,036억 원이다.

사실 대북 '퍼주기'라면 김영삼 정부가 원조다. 1995년 수해로 인해 심각한 식량난을 겪는 북한에 쌀 15만 톤(1,854

억 원 상당)을 무상 지원하면서 시작된 바가 대북 '퍼주기'의 기원이다. 게다가 김영삼 정부 때 추진한 대북 사업을 김대중 정부가 받아서 집행만 한 경우도 꽤 된다. 이런 거 저런 거 묻지도 따지지도 않고 무조건 '퍼주기'다. 저들은 이런 '퍼주기' 주술로 국민감정을 격앙시켜 남북 화해 평화 사업을 방해하고 한반도를 전쟁 위험의 긴장 속으로 몰아넣는다.

그러니까 김대중·노무현 정부는 기껏 연평균 전투기 2대 값을 평화비용 삼아 한반도 평화 체제를 구축해온 것인데, 이를 '퍼주기'로 비난해온 저들은 집권만 하면 남북 긴장을 유발하여 천문학적인 안보비용을 발생시킨다. 저들은 평화가 비용이 가장 싸다는 걸 모를까.

방산 비리에서 대북 퍼주기 논란을 지나 국방 혁신을 논하는 과정에서 '평화경제론'이 나왔다. 1970년대 김대중의 '대중경제론'이 개발 독재의 산물로 한계와 폐해가 막심한 재벌경제의 대안을 보여주었다면, 평화경제론은 대북 관계의 지향점을 분명하게 보여준다. 이날 공부 끝에 이재명이 정리한 기록은 이재명 평화경제론의 중요한 실마리와 구상을 보여준다.

나는 우리가 쌀을 보내서 북한이 핵무기를 개발했다는 논리에 동의할 수 없다. 보수단체나 정부 여당은 대북 쌀 지원을 퍼주기 프레임에 가둬서 정치적으로 공격한다. 그들이 말하는 것처럼 이 문제는 그렇게 간단하지 않다. 인도적 측면뿐 아니라 경제적 측면이나 동북아 정세 등 여러 방향에서 꼼꼼히 들여다봐야 할, 곧 우리 운명이 걸린 문제다. 분단 상황은 우리나라 민주주의 발전의 최대 걸림돌이기도 하지만, 경제 발전에도 늘 문제를 일으킨다.

사드로 인해 어색해진 중국과 관계는 어떤가. 중국은 한국의 1위 교역국이다. 밥 한 숟가락 들어가는 게 얼마나 겁나는 일인지 안다면, 강경일변도의 대북 관계가 얼마나 순진한지, 아니 위험한지 알게 될 것이다.

나는 힘 자랑, 무기 자랑에 반대한다. 얄밉도록 영리하게 머리를 써야 한다. 우리나라는 몸집도 주먹도 작다. 덩치 큰 친구들이 주변에 넷이나 에워싼 채, 어깨만 부딪혀도 싸우려 으르렁대는 형국이다. 문제아 동생도 있다. 까딱하다간 싸움에 휘말리기 쉽다.

우리나라가 세계적인 갈등 현장이라는 사실은 동시에 평화를 모색할 수밖에 없는 운명을 뜻하기도 한다. 평화를 정착하는 과정은 심리적 안정뿐 아니라 곧 복지 증대로 연결될 수 있다. 유럽연합은 세계대전이라는 살육의 역사를 반성하며 무기 살 돈으로 경제협력체제를 만들었다. 그 중심에 우리나라를 세워야 한다.

희망은 어디에나 있다. 우리가 중심이 되어 한반도에서 평화의 밭을 갈아야 한다. 지금이라도 씨앗을 뿌려야 (후대에서라도) 꽃을 볼 수 있지 않겠는가. 평화의 열매는 모두가 나누는 아름다운 성취가 될 것이다.[21]

인간에게 노동은 무엇인가

인간에게 노동은 무엇인가? 이재명에게는 아픈 물음이다. 소년공으로 노동하던 7년간 그는 사람으로 대접받아본 기억이 별로 없다. 99원 가진 자가 달랑 1원 가진 노동자의 호주머니를 털어 100원을 채우려는 극한 욕망의 불구덩이에서 그는 타죽지 않고 용케 살아나 노동자도 사람답게 사는 세상을 만들고자 멀고도 험난한 길을 걸어왔다.

〈우리에게 노동은 무엇인가〉라는 주제로 김영훈이 발제한다. 6기 민노총을 위원장을 지낸 그는 외유내강의 노동운동가로 정교한 노동 이론을 펼친다. 이명박 정부와 우익 세력은 '기업 하기 좋은 나라로 모두가 부자 되게 해주겠다'고 했지

---

21 이재명·서해성, 《이재명의 굽은 팔》, 김영사, 2017.

만, 대기업만 더 부자가 되는 것으로 쇼가 막을 내렸다.

이재명은 "임금피크제는 청년 고용"이라는 사기 프레임을 지적한다. 연차 높은 직원의 임금을 삭감하려고 개발한 프레임이 청년 고용이다. '임금피크제 반대는 곧 청년 고용 반대'라는 프레임에 가둬 비난의 대상이 되게 한다. 교묘하고 교활한 프레임이다.

임금피크제에 이어 최저임금 문제, 비정규직 문제의 논의로 이어졌다. 최저임금을 그야말로 최소 생계가 가능한 수준인 1만 원 선까지 단계적으로 올리려 하자 우익 세력과 언론은 '자영업자 다 망하게 한다'며 협박성 기사를 대서특필로 내보냈다. '편의점 점주 부부의 눈물' 어쩌고 하며 '아르바이트가 점주보다 급여를 더 가져간다는 게 말이 되느냐'며 거품을 물었다. 현재 시점에서 우리 사회 구성원이 한 달에 얼마를 벌어야 최소 생계가 가능한지, 보통의 문명 혜택을 누리며 사는 데는 얼마가 필요한지, 가령 편의점 운영의 경우 영업 환경이나 지대 비용이 수익성에 미치는 영향은 어떤지, 하는 정작 필요한 분석은 외면한 채 모든 문제의 죄를 최저임금에 떠넘겼다. 자본주의 지배력을 강화하는 가장 편리한 방식이다. 자영업의 절대다수를 차지하는 프랜차이즈 점포의 경우 수익성 악화는 본사의 지나친 착취 구조, 터무니없이 비싼 임대료, 동종 점포의 우후죽순 난립에 기인한다. 이런 환경에서 점주들이 (물론 폐업도 많지만) 그나마 먹고 살아온 건 아르바이트를 착취한 덕분이다. 자본주의 사회의 부조리한 구조로부터 발생한 약탈의 피해를 왜 노동자가 고스란히 떠안아야 하는가.

이재명이 성남시장에 취임하고 보니, 시에서 필요한 고용인력에게 퇴직금을 주지 않으려고 1년 11개월 단위로 끊어서 고용계약을 해왔다. 이재명은 얄팍한 관행을 싹 뜯어고쳤다.

그는 노동문제는 밥뿐 아니라 인권의 문제임을 강조한다. 우리는 가족을 부양하기 위해 일하지만, 자아를 실현하기 위해 일하기도 하기 때문이라는 것이다. 자기 자신이 소멸한 노동은 슬픈 일이고, 그는 돈만 바랐으면 인권변호사의 길을 갈 이유가 없었다고 한다. 그가 소년공으로 일하는 동안 노동은 그저 하루를 살아남기 위한 싸움일 뿐 퇴직금도 노조도 희망도 없었다고 했다. 그는 사회가 발전하려면 왜 노조가 필요한지 말한다.

사회가 발전할수록 노조가 필요하다. 아니, 사회가 발전하려면 노조가 꼭 필요하다. 민주사회의 시민은 자기 권리를 당당하게 주장할 수 있어야 한다. 자기 삶과 가치를 스스로 지킬 수 있을 때 비로소 정치도 언론도 응답한다. 부당한 일을 당해도 목소리가 작아서 아무런 관심조차 못 받는 일이 얼마나 많은가. 노조는 이때 벗이 되어 줄 수 있다. 노동과 정치가 일상에서 논의되는 삶, 그것이 진짜 선진국으로 가는 밑거름이다.[22]

이재명은 젠더 이슈에 관해서도 공부했다. 공부 선생님은 대표적인 사회학자이자 사회운동가 조은 교수다. 한국 사회에서 지식인 남성이나 지도층의 젠더 감수성을 의심한 조은 교수는 처음엔 강의를 거절했다. 몇 번의 설득 끝에 정치 지도자의 젠더 감수성과 정책 의지는 매우 중요하다는 데에 합의점을 찾고 나서야 겨우 수락했다. 공부는 젠더 감수성을 비롯하여 가사노동, 저출산, 육아, 페미니즘, 일본군 위안부 문제까지 뻗어갔다.

시 공무원 교육장에서 "원래 여성이 하기로 정해진 일은 없다. 커피 타는 일도 시키지 마라"고 했던 이재명도 "나를 둘러싼 세상의 반은 여성임에도 여성주의 문제에 무심했다. 어쩌면 낯설고 어려웠다"고 고백했다. 그는 이 공부를 통해 "여성들이 짊어진 이중 삼중의 짐을 덜어내는 것이 정치의 몫"이라는 걸 새삼 깨달았다며, "한국 정치인들이 여성 문제를

---

22 이재명·서해성, 《이재명의 굽은 팔》, 김영사, 2017.

이해하고 참여하는 수준이 곧 한국의 인간 척도라는 걸 의심치 않는다"고 했다.

05

민생을
돌보지 않는 정치는
가짜다

이재명의 실용

    세종임금은 집무실의 문턱을 낮추고 언로를 열어 다양한 의견을 듣고 논쟁하기를 마다하지 않았다. 게다가 잦은 잠행을 통해 백성들의 실제 삶이 어떤지 살펴 정책을 구상하고 실행했다. 공직의 길에 들어선 이재명도 귀를 열어 민심의 소리를 듣고 권위를 내려놓은 실용의 태도로 직무에 임한 점에서 세종의 길을 걸었다.

실용 정치가 곧 민생 정치다
허례허식과 전시행정을 청산한 실용의 정치인

저들은 늘 이런 식이었다

"정치적인 이익을 목표로 10군데 도로를 동시에 10년 동안 만드는 것보다 1년마다 1군데씩 끝내겠습니다. 그러면 해마다 하나씩 더 사용할 수 있지 않겠어요."

이재명의 실용을 상징적으로 보여주는 이 한마디 말에 민생을 생각하는 그의 진심이 오롯이 담겼다.

이재명은 말뿐이 아니라 실제로 이렇게 했다. 그는 지금껏 정치하면서 새롭게 무슨 거창한 일을 하겠다고 공약한 적은 거의 없다. 성남시에서도 그랬고 경기도에서도 그랬다. 업적 과시용으로 무슨 거대한 인프라를 구축하거나 상징물을 새로 조성하는 것 없이 먼저 밀린 일을 빨리 끝내서 시민 편익을 도모했다.

무엇보다 민생을 우선하는 이재명의 일관된 정치는 시민

의 신뢰를 얻고, 그 신뢰로 인해 그의 정책은 더욱 추진력을 얻었다. 그는 예산 집행에서도 정책 효과를 극대화하는 실용성을 발휘했다.

또 경제를 두고 '성장이냐 분배냐' 하는 이분법에 매몰되지 않는 바도 그의 실용정신을 말해준다. 사실 성장과 분배는 양립할 수 없는 반대말이 아니다. 언론이나 정치인들이 프레임을 만드느라 억지로 이분해놓은 것일 뿐이다. 지난 대선 과정에서 이재명이 성장을 강조하자 저들은 "내내 공정, 평등 운운하더니 말을 바꿔 성장 운운한다"고 공격했다. 그러나 이재명이 말하는 성장은 '기회의 총량'을 늘리는 것으로 공정 성장을 의미하는데, 여기에는 이미 공정한 분배의 개념이 담겼다. "기회가 점점 더 줄어드는 삶의 환경에서는 개인이 아무리 노력해도 벗어날 수가 없으므로 이 환경을 바꾸는 것, 즉 기회의 총량을 늘리는" 성장을 추구해야 한다는 뜻으로 말한 것을 '성장' 두 글자만 뚝 따와서 프레임을 걸어 이재명을 공격한 것이다. 저들은 늘 이런 식이었다.

'오른쪽'이 아니라 '옳은 쪽'을 추구한다

최근 이재명의 '중도 보수' 발언이나 성장 담론 등을 두고

'우클릭' 논란이 일고 있지만, 이재명은 국회 연설에서 '기본사회'와 '직접민주주의' 등을 강조하면서 민주당의 진보적 가치를 다 버린다는 게 아니라고 했다. 사실 '우클릭'이라는 말도 실체가 없는, 아니 실체가 왜곡된 프레임일 뿐이다. 이재명은 지금까지 좌와 우를 포괄하는 실용주의 노선을 벗어나거나 포기한 적이 없다. 그는 평소 '오른쪽'이 아니라 '옳은 쪽'을 추구한다고 말해왔다.

이재명에게 비판적인 유시민도 "코로나19 과정에서 전광석화 같은 일 처리, 단호함으로 매력을 샀다"며 이재명의 일 처리 솜씨나 실용주의는 인정하고 감탄했다. 그러면서 이렇게 덧붙였다.

> 경기도에 개고기 관련 불법 구조물과 불법 산업폐기물 추적단 만들어 밝혀내고 고발하는 게 이재명 지사의 매력이다. 배달의민족 경우도 경기도 앱 만들겠다고 하니 바로 무릎 꿇었다. 국가의 일이 어떤 권위를 가져야 하는지 보여주는 것이다. 그에게 고리타분하게 이론을 내서 국가가 개입해도 되냐, 시장에 맡겨야지, 이런 얘기는 안 통한다. 법적으로 권한을 판단해보고 누가 행정소송을 제기하더라도 다툴 만하다 싶으면 밀어붙인다. 정부를 운영하는 사람한테 굉장히 필요한 자질이자 특성이다.[23]

이재명의 중도 보수 발언은 새삼스러운 일이 아니다. 그는 정치를 시작하면서 줄곧 보수로 자임해왔다. 10년 전인 2016년 한국경제와의 인터뷰에서도 "진보좌파라는 평가에도 불구하고 중도보수층 지지가 높은 이유가 뭐라 보나?" 하는 질문에 이렇게 대답했다.

> 내 성향은 진보가 아니라 보수에 가깝다. 나는 현 체제나 질서를 바꾸자는 쪽이 아니다. 경제, 안보, 통일, 노동 어느 분야건 현행 헌법과 법률 테두리에서 좋아질 수 있다고 믿고, 성남 시정을 통해 그것을 입증해왔다.
> 경제 문제도 그렇다. 나는 재벌을 해체하자고 한 적이 없다. 다만 5%도 안 되는 지분을 가진 채 공정하고 합리적인 경쟁을 가로막는 재벌체제에 대해 문제를 제기하는 것이다. 공정한 경쟁이 가능한 기업 환경을 만들어주자는 것이 왜 진보인가. 불법과 편법을 동원한 기득권자들이 보수라는 탈을 쓰고 있는 게 가장 큰 문제다.[24]

---

23 〈유시민의 알릴레오〉, 2020년 4월 17일 방송.
24 한국경제 인터뷰, 2016년 12월 13일.

이재명은 윤석열 탄핵안 통과 직후에 가진 국회 앞 집회 연설에서 "지난 촛불혁명 때 우리 국민이 그 한겨울에 아이들 손 잡고 힘겹게 싸워서 박근혜 정권을 끌어내렸지만, 그 후에도 '세상은 바뀌지 않았고 내 삶은 바뀌지 않았다' 생각하고 있다"면서 사과했다. 그는 누구보다 개혁의 실패는 문재인 정부 때의 이러한 오류를 다시 반복하게 되는 길이 될 수 있음을 염려한다.

이재명 민주당의 '우클릭'에 대해 기득권 카르텔은 당혹감을 감추지 못했다. 이미 극우의 늪에 발을 담근 국민의힘 권영세 비대위원장은 '과거 중국 공산당이 내놓았던 흑묘백묘론까지 끄집어낸 이재명 대표가 대통령이 되기라도 하면 나라 전체가 공산 전체주의 국가가 되는 것 아니냐'고 걱정한다며 공격했다. **비난도 참 비겁하고 교활하게 한다. 자기가 걱정하는 게 아니라 남들이 그렇게 걱정한다는 것이다. 자기 소신 하나 못 밝히고 출처 없는 인용 뒤에 숨어 문맹 수준의 비난을 일삼는 게 무슨 정치인인가.**

〈조선일보〉는 그 와중에 자기 잇속을 챙길 속셈으로 "진심이면 옳은 방향이다. 말이 아닌 행동으로 보여주기 바란다"고 주문한다. 그동안 국민의힘이 요구해온 바를 민주당이 받아들여서 "연금 개혁, 반도체법 그리고 AI 기본법까지 숙제를 풀어내야 한다"는 요구다. 민주당의 '우클릭'을 깎아내리면서도 기득권 카르텔의 숙제를 해결하는 기회로 삼으려는 속이 훤히 보인다. 그런 점에서 〈조선일보〉는 국민의힘보다 실용적인가.

사회운동가이자 민들레 편집위원 전지윤은 민주당의 우클릭 논란을 두고 생산적인 전망을 제안한다.

> 사실 이번에 민주당의 우클릭은 원래 '중도 정당'이라는 성격을 재확인하는 과정이면서도, 동시에 국민의힘의 극우화가 낳은 오른쪽의 공백을 차지하려는 시도의 성격도 있다. 만약 민주당 왼쪽에 강력한 진보정당들이 존재했다면, 민주당은 왼쪽으로 지지자들을 밀어내거나 놓치지 않기 위해서라도 쉽사리 우클릭하지 못했을 가능성이 크다.
>
> 그런데도 민주당이 우클릭했다면 그것은 진보정당의 기반 확대를 낳을 기회가 되었을 수 있다. 권리당원만 250만(일반 당원은 500만)에 달할 뿐 아니라 정치적 의제와 사회 개혁에 관심이 있는 민주당 당원들의 상당수를 왼쪽으로 설득하고 견인하는 것은 우리 사회에서 의미 있는 진보정당의 기반을 만들기 위해 매우 중요한 과제다.
>
> 하지만 민주노동당의 짧은 성공 이후에 분열과 위기를 벗어나지 못해 온 진보정당들은 지금도 여전히 서로를 탓하는 불신과 갈등 속에 있다. 그래서 갈수록 기반이

줄어들어 왔고, 민주당을 왼쪽에서 위협하며 '우클릭'도 가로막는 존재가 되지 못하고 있다. 이것은 반동적 극우를 고립시키고 합리적 중도 보수와 진보정당들이 경쟁하는 체제로 한국 정치를 재편하기 위해서도 바람직한 상황이 아니다.

민주당 왼쪽의 진보 좌파 정당들은 민주당에 대한 태도나 안티테제를 중심으로 자신들의 정체성을 구성하려는 관성에서 그리고 무조건 민주당을 세게 비판하다 보면 기회가 올 것이라는 이미 실패로 드러난 착각에서 벗어날 필요가 있다. 진보정당의 독자적 가치와 정책을 분명히 하면서 불신과 갈등을 벗어나 힘을 뭉치고 기반을 확장할 수 있는 정치적 대안을 세워내는 게 우선이다.[25]

---

[25] 전지윤, 〈이재명의 '중도 보수'와 '우클릭' 논란, 어떻게 볼 것인가〉, 시민언론 민들레, 2025년 2월 25일.

이재명의 실용은 휴머니즘이다
세종의 여민정신을 계승한 실용정치

〰

현대판 카스트 제도를 만들자는 것

윤석열 정부가 추진한 동남아 가사도우미 시범사업 정책의 방점은 임금 대비 가성비에 있다. 그 정책의 입안은 싸게 부려먹자는 인식에서 출발한다. 그래서 최저임금도 적용하지 말고 최대한 싸게 부려먹어야 한다고 난리다. 우익 세력은 이것을 실용이라고 선전하지만, 실용이 울고 갈 일이다. 이건 실용이 아니라 신자유주의적 자본주의에 터를 둔 인간 모멸일 뿐이다. 이런 인식으로는 사람에 관련된 어떤 정책도 성공할 수 없다. 우리 사회에서 우리 사회를 위해 노동하는 사람을 가난한 나라 출신이라는 이유로 수단화하고 차별하고 권리에서 배제하는 행태는 현대판 카스트 제도를 만들자는 것과 다르지 않다.

가사도우미 논란은 빙산의 일각일 뿐 저들이 내놓는 이주민 정책이라는 것도 모두 이런 인식에서 한 치도 벗어나지 못한다. 당장 가난이 목줄을 죄어 와 일시적으로는 차별과 모멸을 감수하고 이주민이 몰려와 일할 수는 있다. 그러나 오래가지 못한다. 같은 권리를 누리는 시민으로 대우받지 못하는 사회에서 누가 정착하여 살고 싶겠는가. 떠날 날만을 손꼽으며 일하는 이주 노동자로는 우리 사회의 인구 문제를 개선할 수 없다.

지난 2025년 3월 23일, 오세훈이 시장으로 있는 서울시가 국내 최저임금제는 물론 노동 관계법 적용을 받지 않는 외국인 가사사용인 모집에 들어갔다. 기존의 돌봄 인력 처우 개선은 손 놓은 채, 싸고 손쉽게 부려먹을 노동력 찾기에만 골몰하는 행태가 약자의 차별과 착취를 당연하게 여기는 우익 세력의 실체를 명징하게 보여준다.

세종임금의 실용정신과 상통한다

우리는 저들이 걸어놓은 프레임으로 인해 착각하기 쉬운데, 사람을 싸고 쉽게 부려먹을 수 있는 제도나 정책은 실용이 아니다. 실용은 사람을 위해 복잡한 제도와 정책을 간소화하고, 허례와 허식을 버리며, 권위주의를 청산하는 것이다. 이것이 이재명이 추구하는 실용인데, 곧 휴머니즘이다.

이런 점에서 이재명의 실용정신은 세종 임금의 실용정신

과 상통한다. 성남시장 이재명에게 우선순위는 오직 시민이었듯이 군주 세종에게 우선순위는 오직 백성이었다. 그에게 백성은 나라의 근본이고, 정치의 목적은 백성의 살림을 풍족하게 하는 것이었다. 세종의 인식은 애민(愛民)을 넘어 백성과 더불어 동고동락하는 여민(與民)에 닿아 있다. 그래서 세종은 자주 잠행을 나가 백성들의 소망이 무엇인지 묻고 들었다.

나라는 백성을 근본으로 삼고, 백성은 밥을 하늘로 삼는 것인데, 농사는 의식(衣食)의 근원으로서 위정자가 정치에서 먼저 힘써야 할 것이다. 오직 그것은 백성을 살리는 천명에 관계되는 까닭에, 천하의 지극한 노고를 복무하게 하는 것이다. 위정자가 성심으로 대하지 않는다면 어떻게 백성에게 부지런히 힘써서 농사에 종사하여 그 생생지락(生生之樂)을 완수하게 할 수 있겠는가. 저 옛날 신농씨 같은 이는 처음으로 쟁기와 보습을 만들어서 천하를 이롭게 하였고, 소호씨는 농사를 관장하는 아홉 관리에게 명령하여 농사를 맡게 하였다. 이것은 고대의 성군이 하늘의 뜻을 이어 지극히 바른 도를 세워 모든 백성을 위하여 천명을 수행한 것이다.[26]

세종 치세에 조선의 농업 생산력은 창업 초기보다 3배

나 높아졌다. 관료들이 행정편의주의에 빠졌을 때도 그는 변함없이 백성의 편에 섰다. 당시에는 새로 개간한 밭은 누전(漏田)이라 하여 면세하는 것이 원칙이었다. 어느 날 경상도 관찰사가 '개간한 밭을 면세해주려 해도 새로 일군 땅을 구분하기가 쉽지 않다'며 '그냥 일괄해서 세금을 매기자'는 보고를 올렸다. 이에 임금은 '일이 의심스러우면 백성과 더불어 도모하면 문제 될 게 없다'면서 면세 원칙을 고수하라고 일렀다. 특히 흉년으로 굶주리는 백성을 위해서는 세금을 면제하고 행정 절차를 최대한 간소하게 해서 긴급하게 구제할 것을 주문했다.

세종의 늘 백성에게 열려 있는 귀로 백성의 고충을 들어 의심스러운 바가 있으면 공부하거나 물어서 해답을 찾았다. 재위 31년간 하루도 이 원칙을 저버리지 않았다. 세종은 백성에게 이익이 되거나 쓸모가 있느냐는 '실용주의'를 국정 운영의 제1원칙으로 삼아 신분을 초월한 적재적소의 인사와 작은 허물보다는 능력을 더 높이 사는 인재관을 펼쳤다. 관노 출신의 장영실을 전격 발탁하여 조선의 과학을 세계적인 수준으로 끌어올린 것이 대표 사례다. 황희를 발탁하여 정승으로 삼아 국정을 맡긴 것은 작은 허물보다는 능력을 더 높이 사는 인

---

26 《세종실록》, 105권, 1444. 윤7. 25.

재관을 보여준 사례다. 최만리는 임금에게 불손하리만큼 직언하며 삿대질까지 서슴지 않았는데도 세종은 그 사심 없는 충정과 능력을 높이 사 오히려 그를 변호하며 끝까지 중용했다.

이처럼 **세종은 백성에게 이익이 되는 일이라면 다소 문제가 있더라도 반드시 추진하는 실용적 관점을 취했다. 바쁜 가운데서도 단출하게 자주 잠행을 나간 그는 아무리 땀 흘려 일해도 가난을 벗지 못하는 고단한 백성의 삶을 세심하게 살폈다.**

이재명의 이상한 인사

이재명의 인사 철학 역시 실용적이고도 공정하다는 점에서 세종의 그것을 빼닮았다.

2010년 시장 선거를 앞두고 성남시 체육대회가 열렸다. 여론조사 1위의 유력한 시장 후보인데도 그 많은 내빈석에 이재명의 자리는 없었다. 그래서 하는 수 없이 불참한 다른 사람의 빈자리에 가서 앉았다. 그때 시청에서 나온 행사 담당 공무원이 '규정상 정해진 자리에만 앉을 수 있다'며 제지했다. 이재명이 '야당 후보로서 내빈 자격이 충분하다'고 말했지만, 담당 공무원은 '규정을 지켜달라'고 단호하게 잘랐다. 규정을 지켜달라는 데에 할 말이 없어 이재명은 자리를 뜨면서 담당 공무원의 명찰에서 이름을 보고는 잊지 않도록 수첩에 적어 두었다.

시장에 당선된 이재명은 어느 날 수첩을 보다가 그 담당 공무원의 이름을 발견했다. 비서실을 통해 알아보니 근무 성적도 뛰어나고 평판도 좋았다. 이재명은 다음 인사에서 그 직원을 책임감이 필요한 핵심 보직에 배치하도록 조치했다. 감정 상한 일로 보면 좌천시켜도 모자랄 판에 영전이라니, 비서실에서는 의아해했다. 그 자리는 서로 가고 싶어서 난리인데 왜 하필 그 직원이냐는 눈치였다. 그래서 이재명은 비서실의 의아함을 풀어주었다.

"공무원이라면 모름지기 자기가 맡은 일에 그렇게 충실해야지요. 더구나 그 자리는 책임감이 중요하지 않아요?"

과연 그 공무원은 인사권자의 기대를 저버리지 않고 직무를 성실하게 수행하여 뛰어난 성과를 냈다.

내가 허락했으니 점거가 아니다

세종 임금은 집무실의 문턱을 낮추고 언로를 열어 다양한 의견을 듣고 논쟁하기를 마다하지 않았다. 게다가 잦은 잠행을 통해 백성들의 실제 삶이 어떤지 살펴 정책을 구상하고 실행했다. 공직의 길에 들어선 이재명도 귀를 열어 민심의 소리를 듣고 권위를 내려놓은 실용의 태도로 직무에 임한 점에서 세종의 길을 걸었다.

이재명은 성남시장으로 취임하자마자 9층의 대궐 같은 시장실을 버리고 민원실에서 제일 가까운 2층으로 방을 확 줄여 내려왔다. 그 과정에서 완강한 반대에 부딪혔다.

담당 직원은 물론이고 중원경찰서장까지 나서서 경비가 어렵다며 말렸다. 시장실이 민원인에 점거당하면 경찰서장은 직위해제를 면치 못한다는 거였다. 이재명은 모든 책임은 자기가 지겠다며 끝내 뜻을 관철했다. 그는 민원인을 피할 궁리보다는 민원이 생기지 않게 궁리하는 게 머슴의 일이라고 여겼다. 그러자면 민원인을 막을 시스템이 아니라 민원을 공정하고 신속하게 처리할 시스템이 필요했다.

과연 직원들이 우려한 대로 시장실은 날마다 민원인들로 문전성시였다. 이재명은 '그러잖아도 민원인들 찾아볼 시간이 부족했는데 이렇게 찾아와 주시니 잘된 일'이라며 오히려 좋아했다.

그러던 어느 날, 전임 시장 시절에 집행된 이주 대책으로 인해 집단 민원이 발생했다. 이재명이 관련 당사자들을 모두 모이게 하여 제기된 민원은 현행 법령상 들어줄 수 없다는 점을 충분히 이해시켰다. 그러자 그들은 막무가내로 시장실을 점거하여 농성에 들어갔다. 중원경찰서장이 달려와, 책임진다

더니 점거당했다며 뭐라 했다. 이재명은 태연히 점거당하지 않았다고 대답했다. 점거는 허락을 안 하는데 강제로 점령하는 건데, 이건 자기가 있으라고 허락했으니 점거가 아니라는 것이다. 이재명다운 발상이다. 이재명은 실제로도 농성자들이 시장실을 편리하게 쓸 수 있도록 필요한 물품이나 편의를 아낌없이 제공하라고 일렀다.

퇴근 시간이 되자 비서진을 퇴근시킨 이재명은 농성자들에게 "편안히 사용하시되, 시간이 남으면 대자보에 적힌 요구사항을 성남시의 다른 주인들도 '그래 이거 옳다, 법을 어겨서라도 해줘라', 하고 동의할 거 같은지 토론해 주셨으면 좋겠다"는 인사를 남기고 퇴근했다.

당장 할 수 있는 일부터 한다는
이재명식 실용정신

성남이 그랬던 것처럼 이재명이 도지사로 취임한 경기도 역시 구태를 벗고 빠르게 혁신해갔다. 경기도의 모든 공공병원 수술실에 CCTV가 설치되었다. 국회에서는 논의만 무성할 뿐 수술실 CCTV 설치 의무 법안이 발의된 지 하루 만에 폐기되는 등 파행하고 거듭할 때였다. 당장 할 수 있는 일부터 한다는 이재명식 실용정신이 발휘된 것이다.

　2013년 12월 9일, 한 여고생이 성형수술 도중 뇌사에 빠졌다. 조사 결과 일부 대형 성형외과의 대리 수술이 사실로 확인됐다. 인건비가 싼 의사를 고용해 수술 횟수를 늘리는 식으로 비싼 광고비와 브로커 비용 등을 충당했다. 한 수술실 두 침대에서 지방흡입 수술과 가슴 수술이 동시에 진행되기도 했다. 환자가 유령 의사의 얼굴을 못 보게 하려고 프로포폴 등 수면마취제를 과다 투여해 환자의 의식을 차단했다.

　여론의 뭇매에 몰린 의사회는 사과 기자회견을 열고 잘못된 부분을 바로잡아 나갈 거라고 했지만, 확실한 재발 방지를 약속하진 못했다. 외부와 철저히 차단되고 환자는 수면 마취로 의식이 없는 상태의 폐쇄적인 수술실은 반복적이고 조직적인 은폐가 이뤄지기 좋은 구조다.

　이런 상황에서 수술실에 CCTV를 달아야 한다는 여론이 비등했다. 환자의 의사 폭행 때문에 CCTV 설치가 거론된 적은 있지만, 의료진 보호 차원이었다. 환자 보호 차원에서 CCTV 설치가 거론된 건 이때가 처음이다. 그러나 CCTV 설치 법안은 19대, 20대 국회에서 내내 공전했다. 가까스로 발의된 관련 법안은 논의조차 해보지 못하고 하루 만에 자동 폐기됐다. 법안에 서명한 의원 5명이 갑자기 공동 발의를 철회했다(법안 발의 최소 기준은 공동 발의자 10명 이상이다). 그 과정에서 의료계의 압력이 있었다는 증언이 나왔다. 국회의원이라는 대단한 감투도 임자를 잘못 만나면 이렇게 비루하고 하찮은 것이 되고 만다. 국민의 거의 100%가 수술실 CCTV 설치에 찬성한다. 그래서 의료계는 내놓고 반대하지는 못하고 이런 치졸한 방법으로 설치를 가로막고 나섰다. 국회의원이나 의사나 비루하기는 한가지다.

72%가 넘는 경기도민의 지지를 얻은 이유

또 경기도는 불법 고액 대출과 성매매 광고 전단을 추적해 단속했다. 길바닥의 흉물로 날리던 전단이 사라졌다. 가짜 구급차도 사라졌다. 모든 구급 차량의 운행일지를 쓰게 하고 허위사실이 밝혀지면 즉시 면허 취소 절차에 들어갔다. 가짜 구급차가 사라지자 시민의 신뢰를 회복한 구급차는 유사시 시민의 적극적인 협조로 응급환자 이송 시간을 최대한 아꼈다.

코로나 확산 진원지로 지목된 신천지 본부에 대한 전격 압수수색도 그렇고, 경기도 계곡 정비 사업도 그렇고, 이재명은 시민을 위한 일이라 망설임 없이 밀어붙였다.

경기도지사로서 이재명의 직무 수행은 72%가 넘는 경기도민의 지지를 얻었다. 전국 광역지자체장 평균 만족도는

54%였다. 이런 높은 지지율은 시민 친화 정책에만 의존하여 얻은 게 아니다. '성장 없는 복지가 공염불'이라는 걸 누구보다 잘 아는 이재명은 기업 유치와 지원에도 발 벗고 나섰다. 그가 비판한 건 부조리한 재벌 구조였지 정당한 기업 활동이 아니다. 〈매일경제〉가 실시한 '기업 하기 좋은 환경 조성에 가장 노력하는 지자체장' 조사에서 이재명이 1위였다. 50개 대기업, 50개 중소기업을 대상으로 한 조사이니 조사 대상의 편향은 없었다.

대표적인 사례가 웨이브 파크다. 웨이브 파크는 애초에 부산에 인공 서핑장을 만들려고 신청서를 부산시청에 냈지만, 2년 반이 지나도록 행정절차조차 다 밟지 못했다.

이에 **경기도는 즉시 웨이브 파크 유치에 나서 6개월 만에 행정 절차를 마무리한 이후 2년 6개월 만에 개장할 수 있도록 전폭 지원했다. 이 과정에서 어떤 특혜도 없었고, 사소한 비리 한 건 없었다. 이로써 경기도는 세계 최대 규모의 인공 서핑장을 얻고, 적잖은 일자리와 세수를 창출했다.**

그의 정치관만큼이나 기업관도 실용적이다. 공허한 이념에 붙들리지 않는 유연성과 실용성은 복잡한 민주정을 경영하는 지도자로서는 특별한 덕목이다.

기업이 돈을 많이 벌어야 일자리도 생기고 세금도

많이 걷을 수 있는데, 기업을 지원하지 않을 이유가 없잖습니까. 권력과 결탁하지 않고 기업 본연의 활동에 전념할 수 있게 해주는 건 정부의 책무지요. 그 대신 기업도 권력과 결탁해 부정하게 부를 축적하고 승계하려는 생각을 버려야지요. 2중, 3중 장부 만들지 말고 세금 잘 내면 그게 애국하는 기업이지요.

내가 재벌이나 기득권을 폄훼하거나 멀리할 이유는 없습니다. 다만, 정당하고 공정한 과정을 거쳐서 기득권을 가졌으면 그에 따르는 책임과 의무도 다해야 한다는 겁니다. 우리나라에도 그런 기업가정신을 가진 기업인이 많아지고, 나는 그런 분들을 존경합니다.[27]

2025년 3월 12일, 국회도서관 대강당에서 열린 더불어민주당 민생연석회의 20대 민생의제 발표회에서 이재명은 인사말을 통해 민생을 우선하는 실용정치를 새삼 강조했다. 최근 그의 발언을 두고 벌어진 논란에 대해서도 언급했다.

정치라고 하는 것이 결국은 편 나눠서 싸우는 것이

---

27 김민정·김현정, 《인간 이재명》, 아시아, 2021.

아니라 궁극적인 목표가 우리 국민의 더 나은 삶을 만드는 것입니다. '국민의 삶' 이것을 민생이라고 보통 줄여서 말하는데, 이 민생이라는 단어가 참 많이 오염되었어요. 우리 정치의 가장 중요한 과제이고 정치 본연의 목적이기도 한데, 이 민생이라는 것이 정치인들이 하도 말로만 많이 하다 보니까 많이 낡은 단어처럼 느껴지기도 합니다. 그러나 가장 중요한 과제라는 생각이 듭니다. 우리가 성장을 이야기하는 것도 결국은 우리 국민의 더 나은 삶을 위해서죠. 하나의 수단 아니겠습니까?

최근에 제가 성장 이야기를 좀 많이 하다 보니까 "그러면 공정이나 복지, 분배는 버린 것이야?", 또 이렇게 얘기하는 사람도 있습니다. 그런데 그건 상식 밖의 이야기지요. 정치라는 것이 한 가지만 하는 것은 아니지 않습니까? 시각이 한쪽에 쏠려서 꼭 흑백으로 생각하는 사람들이 있어요. '검은색이 아니니까 흰색이겠지, 흰색이 아니면 바로 검은색이야.' 그런 바보 같은 생각이 어디 있겠어요? 회색도 있고 빨간색도 있고 노란색도 있지 않습니까? 세상이란 그렇게 다양한 것이지요. 세상에 해야 할 일도 얼마나 많습니까? 경제뿐만 아니라 안보도 챙겨야 하고, 치안도 챙겨야 하고, 민생도 챙겨야 하고, 기후 문제도 챙겨야 하고, 미래의 문제도 챙겨야 하고, 역사 문제도 챙겨야 하고… 얼마나 많습니까? 그런데 그중에 하나만 하는 것은 아니죠.

그런 생각하는 사람들이 있어요. 우리 더불어민주당이 최근에 "경제가 중요하다"고 이야기했더니 그러면 복지는 다 버린 것 아닐까? '복지도 중요하다' 그랬더니, 왔다 갔다 한다. 이렇게 생각해요. 사람이 고개를 왼쪽을 보기도 했다가 오른쪽을 보기도 했다가 하는 것 아닙니까? 또 왼쪽 보고, 오른쪽 보고 그랬다고 왔다 갔다 하는 것은 아니지요. 한쪽만 보고 있는 것은 뭐라고 그래요? 그 고집불통이라고 그러지요. 옳지 않다. 그런 데에 넘어가지 맙시다. 우리의 삶이 얼마나 복잡하고, 또 얼마나 해야 할 일이 많습니까?

우리는 오른쪽이 아니라

옳은 쪽을 가야 한다

06

무엇보다 먼저
상식으로 돌아가는 일

이재명의 혁신

사소하게 보이는 일이 큰 변화를 일으킨다. 바닷가에 사는 한 소년이 불가사리가 해변으로 떠밀려와 산더미로 쌓인 걸 보고는 하나씩 바다로 던져주었다. 그러자 동네 아저씨가 타일렀다. "소용없으니 그만두렴. 네가 그런다고 뭐가 달라지겠니?" 이에 소년은 불가사리를 바다로 던져넣으며 말했다. "바로 이 불가사리 운명은 달라지겠지요."

모든 혁신은 상식의 회복에서 출발한다
상식이 통하는 사회, 이재명이 정치하는 이유

12.3 내란도 상식의 파괴로부터 비롯

"상식은 세계에서 가장 잘 팔려나가는 상품이다. 왜냐하면, 모든 인간은 스스로 상식이 잘 갖춰진 사람이라고 확신하기 때문이다."

400여 전에 데카르트가 한 이 말은 오늘날 더욱 고개를 끄덕이게 한다. 아마 그때도 상식이 전혀 상식적이지 못한 사람들에게 볼모로 잡혀 수난을 당한 모양이다. 유럽인이 중세를 벗어나는 데 인식의 틀을 제공한 데카르트는 좌표계를 고안하여 유클리드 기하학에서 해석 기하학으로 수학의 혁신을 이끌었으며, 존재의 문제에서 시공간의 문제로 철학의 지평을 넓혔다.

그전에도 그랬지만 12.3 내란 이후 더욱 상식에서 벗어나는 언행을 일삼는 국민의힘이 '상식'의 이름으로 내란을 옹호하고 이재명과 민주당을 비난한다. 더욱 끔찍하게는 '상식'의 이름으로 극우 세력과 손잡고 헌법을 부정하며 폭력을 선동한다.

검찰에서 곧바로 대통령 선거에 출마한 윤석열은 출마 일성으로 '공정과 상식'으로 국민과 함께 미래를 만들겠다고 했다. 그러나 취임 이후 그가 보인 '공정과 상식'의 행보는 전두환의 '정의'만큼이나 공허하고 기괴했다.

민주주의를 부정한 12.3 내란도 상식의 파괴로부터 비롯하였다. 갈수록 상식을 지키기 어려운 세상이다. 몰상식이 상식을 몰아내고 주인 행세를 하려 드는 세상이다. 그래서 이재명은 한사코 상식을 강조하고 상식으로 돌아갈 것을 주장했다. 새로운 걸 만들기 전에 뒤집힌 상식을 제자리로 돌려놓는 것 자체가 혁신이라고 한 것이다.

그런데 저들은 '상식'이라는 이름으로 이재명을 비난하고 공격하고 음해하고 조롱하고 배제한다. 정작 몰상식한 자들이 상식을 무기 삼아 휘두르는 일이 일상이 된 현실은 참담하다. 그래서 이재명은 상식의 회복이 더욱 간절했는지 모른다. 이재명은 오염될 대로 오염된 상식을 입에 올리는 대신 실천했다. 이재명에게 상식은 말이 아니라 실천이다. 그래서 이재명의 상식은 곧 혁신이다.

상식의 의미를 정치적으로 따져보면, 상식은 우리가 서

로 대화할 수 있도록 돕는 한편으로, 우리가 들을 수 있는 말과 들을 수 있는 사람을 제한할 수도 있다. 상식은 소통의 통로지만 소통을 제한하는 벽이기도 하다는 얘기다. 상식이 오늘날 이런 식으로 정치판에 자리 잡을 것이라고는, 상식을 과학 용어로 발명한 아리스토텔레스는 상상하지 못했을 것이다.

상식의 일반적 의미는 '사람들 대부분이 받아들일 수 있는 보편적 결론'을 뜻한다. 그래서 사람들은 상식은 다 맞는 것으로 여긴다. 진보와 보수를 넘어 '상식의 정치'를 하겠다는 정치인이 넘쳐난다. 그러나 정작 상식이 우리 정치 현실에서 어떤 상황에 놓여 있고 실상 어떻게 소비되고 있는지 성찰하는 정치인은 찾아보기 어렵다. 바로 이 점에서 이재명은 다르다. 그의 상식은 하나로 정해진 정답이 아니라 시민과의 합의나 순리에 따라 마땅히 해야 할 일이다.

상식은 인간의 존엄이며, 자유의 본질

근현대 철학계와 정치판에서 상식은 어떻게 활약해왔을까. 17세기 영국 보수주의 철학자들은 회의주의와 무신론 타파에 상식을 무기로 썼다. 그런가 하면 유럽 대륙에서는 진보주의 철학자들이 현 상태의 타개에 상식을 앞세웠다. 토머스 페인을 비롯한 급진주의 사상가들은 상식을 무기로 미국독립혁명에 불을 질렀으며, 20년 뒤에는 프랑스 반혁명 세력이 상식을 내걸고 혁명을 공격했다.

영국에서 코르셋 제조업을 하다 파산하고 식민지 미국으로 건너간 페인은 미국 독립을 선동하는 팸플릿 《상식》을 발표했다. 독립전쟁이 시작된 이듬해인 1776년이다. 《상식》은 출간되자마자 10만 부 넘게 팔리면서 독립을 열망하던 식민지 주민들의 가슴에 불을 지폈다. 1776년 7월 4일에 공표된 미국 독립선언문에는 이 책의 주요 내용이 그대로 반영되었다. 이때 처음으로 '상식'은 정치적 폭발력을 보여주었다. 당시의 10만 부는 오늘날의 1,000만 부에 필적한다. 페인의 책 제목이 '상식'이 아니고 애초에 정한 대로 '명백한 진리'였다면 상식은 지금껏 일상 용어에 머물렀을 수도 있다.

페인의 지적처럼 오늘날 우리는 '모든 인간은 평등하다거나 모든 인간은 자유를 누릴 권리가 있다'는 명제를 상식으로 받아들인다. 그러나 이 상식이 자리 잡기까지는 선각자들의 숱한 고난과 유혈이 있었다. 페인도 그 선각자의 한 사람이다. 그의 주장은 혁명적이면서도 단순했다. "독립은 모든 시민이 동의할 수 있는 상식이다."

페인의 사상은 대서양을 넘어 유럽으로 퍼졌다. 미국 독립혁명 참전을 마친 그의 '상식'은 프랑스혁명에도 참전했다. 그는 《인권론》(1791)으로 전제정치에 반대하고, 인간의 권리와 평등을 옹호했다. 페인은 특정 국가나 이념에 얽매이지 않는 혁명가로, 세계가 모두 그의 조국이고 상식이 그의 이념이었다. 그래서 그는 '인권 유린은 어디에서나 반대해야 한다'는 신념을 실천으로 옮겼다. 그러다가 감옥에 갇히기도 했다. 페인은 1794년 《이성의 시대》를 통해 기독교 교리와 미신을 비판하고, '신에 대한 믿음은 이성과 논리를 통해 추구되어야 한다'고 주장한 일로 엄청난 비난에 시달려야 했다. 그의 상식은 시대를 앞서간 나머지 수난을 겪어야 했다.

그렇다면 오늘날 우리의 상식은 어떤 몰골인가. 현실을 보면 페인의 질문은 뼈아프다.

"인권은 상식이다. 그러나 우리는 진정 이 상식을 지키고 있는가?"

페인은 우리에게 상식의 진정한 의미를 일깨우는 혁명가다. 그의 사상과 삶은 억압에 맞서 싸우는 모든 이에게 영감을 준다.

"상식은 우리가 지켜야 할 것이다. 그것이 인간의 존엄이며, 자유의 본질이기 때문이다."

2025년 3월 24일, 헌법재판소의 탄핵 기각 결정으로 한

덕수 대통령 권한대행이 업무에 복귀하면서 "대한민국이 합리와 상식의 시대로 나아갈 수 있도록 오로지 나라와 국민 전체를 바라보며 제가 들어야 할 모든 목소리를 듣겠다"는 일성으로 '상식'을 들먹였다. 국민 다수가 찬성하는 김건희 특검법을 거부하고, 헌법재판소가 위헌으로 판결한 헌법재판관 임명 보류를 고집하는 그의 '상식'은 대체 어느 나라 상식일까.

혁신은 시작했다면 이미 된 것이다
아주 작은 것으로부터 시작되는 혁신

이재명의 실용정신은
바로 이 '1보의 진보론' 과도 상통

"역사의 진보와 마찬가지로 학문의 진보도 항상 그때그때의 1보만이 진보이며, 2보도 3보도 n+1보도 결코 진보가 아니다."

독일의 사상가 발터 벤야민의 진보론이다. 지금 행동으로 내딛는 그 1보만이 진보라는 것이다. 우리가 한꺼번에 2보를 나아갈 수 없으므로 지금 내디딘 1보만이 진보이며, 그다음 2보 역시 내디뎌야 비로소 진보라는 것이다. 하물며 말로 장담하는 100보나 100만 보는 진보일 수 없다.

지금 당장 할 수 있는 일부터 시작하고 본다는 이재명의 실용정신은 바로 이 '1보의 진보론'과도 상통한다. 그렇지 않은가. 우리가 지금 바로 할 수 있는 건 1보를 내딛는 것이다. 이 지극히 당연한 상식은 우리는 너무 자주 쉽게 잊고 사는 건 아닐까.

유럽에서 여성의 권리는 20세기 전반까지도 크게 제한되었다. 19세기 빅토리아 시대 영국에서는 말할 것도 없었다. 여성은 투표권도 재산권도 없었고, 고등교육을 받을 기회도 막혔으며, 결혼하면 모든 법적 권리가 남편에게 양도되었다. 이런 시대에 태어난 해리엇 테일러 밀은 여성의 완전한 해방과 평등을 주장한 선구적인 사상가다. 그는 런던의 지식인 살롱에서 시작해 노동 현장, 의회, 언론계를 넘나들며 여성의 권리 신장을 위해 싸웠다. 여성의 교육권·참정권·노동권 보장을 요구했으며, 경제적 독립을 여성 해방의 열쇠로 보고 여성 노동자들의 처우 개선을 위해 힘썼다. 1866년 영국 최초로 여성참정권 청원 운동을 주도하고, 1882년 기혼 여성 재산법 제정을 끌어냈다. 오늘날의 관점에서 보면 당연해 보이는 여성의 기본권은 모두 해리엇과 같은 선구자들의 치열한 투쟁의 산물이다.

해리엇의 남편인 철학자 존 스튜어트 밀은 아내의 영향을 받아 자유주의 철학을 여성주의적 관점에서 재해석하기도 했다. 그는 하원의원을 지낸 뛰어난 정치인이기도 한데, 투표권 법안의 용어를 '남자'에서 '사람'으로 바꾸려고 수정조항을 부가했다. 이 조항을 두고 분노하거나 비웃는 의원도 있었지만,

대부분은 이 '조용한 혁명'을 사소한 것으로 여겨 무시했다.

혁명적 사태를 부르는 커다란 변화도 처음 시작은 눈에 잘 띄지 않는 아주 미약한 틈에서 조용히 싹을 틔운다.

빈자의 성녀로 불리는 마더 테레사 수녀 역시 1보를 내딛는 것으로 자신에게 부여된 소명을 실천했다.

"나는 결코 만인을 구원하려 하지 않습니다. 또 그럴 수도 없습니다. 그저 한 사람을 바라볼 뿐입니다. 나는 한 번에 한 사람만 사랑할 수 있습니다."

"차분히 가장 필요한 그다음 일을 하세요"

우리 사회에 떠도는 말 중에 '희망 고문'이 있다. 가능성을 상실한 희망으로 현실을 속여 결국은 더 큰 고통에 빠뜨린다는 말이다. 이 희망 고문을 제일 잘하는 부류가 정치인이다. 과대 포장된 관념적 수사로 장밋빛 미래를 좍 펼치며 국민을 현혹한다. 선거철만 되면 이 희망 고문이 봄철 꽃망울 터지듯 일제히 만개하여 만연한다. 정치인이 구사하는 희망 고문의 특징은 우선 제목만 있고 내용이나 방법은 없다는 것이다. 또 거기 들어가는 비용은 짐작이 되는데, 그 돈을 어떻게 마련하겠다는 말은 한마디도 없다는 것이다. 게다가 지난번에 이미 써먹은 건수를 제목만 바꿔 다시 내놓는다는 것이다.

우리는 이와 같은 희망 고문의 반복으로 인해 진짜 희망을 잃을 수도 있고, 우리 삶에 어떤 도움도 되지 않는 관념의 유령과 싸우느라 힘이 파일 수도 있으며, 뜬구름 잡는 먼 미래만을 한없이 얘기하다 엎어질 수도 있다. 우리가 정신을 차리면, 그 대신에 바로 시작할 수 있는 작은 일에 관심을 두고 눈앞의 상황에 집중할 수 있다.

세상의 모진 풍파를 겪고 벼랑에 몰린 한 여성이 심리학자 칼 융한테 편지로 도움을 청했다. 융의 답장은 간명했다. "차분히 가장 필요한 그다음 일을 하세요."

융은 지금 할 수 있는 일이 무엇이든 그것을 당장 함으로써 개인이든 사회든 구원받을 수 있다는 걸 잘 알았다. 그렇다. 사소하게 보이는 일이 큰 변화를 일으킨다. 바닷가에 사는 한 소년이 불가사리가 해변으로 떠밀려와 산더미로 쌓인 걸 보고는 하나씩 바다로 던져주었다. 그러자 동네 아저씨가 타일렀다. "소용없으니 그만두렴. 네가 그런다고 뭐가 달라지겠니?" 이에 소년은 불가사리를 바다로 던져넣으며 말했다. "바로 이 불가사리 운명은 달라지겠지요."

소년의 대답은 앞에 나온 테레사 수녀의 말과 의미 상통한다. 아무리 작은 것이라도 무의미하거나 하찮은 것은 없다. 한 사람을 구하는 것이 세상을 구하는 것이라는 믿음이 없으면 우리는 끝내 한 사람도 구할 수 없다. 정치도 바로 그 한 사람부터 구하기 위해 존재하는 게 아닐까.

스토아 철학을 계승한 미국의 사상가 라이언 홀리데이는 무슨 일이든 "지금 바로 시작하는 것만이 이기는 길"이라고 말한다.

> 지금 시작하지 않으면 우리는 미래에 그 일을 해내지 못할뿐더러 현재에 일어나는 그 부당한 일을 공모한 것이나 다름없다. 우리는 선행을 실천하기 위한 한 걸음을 내디딜 수 있다. 작은 선행을 실천할 수 있고, 이런 작은 선행을 조금씩 늘릴 수 있다. 낙숫물이 바위를 뚫는다는 속담대로 작은 힘이라도 꾸준히 계속하면 큰일을 이룰 수 있다.

시민권 투쟁을 벌이는 한 사회운동가가 이 싸움에서 이길 수 있느냐는 질문을 받고 대답했다. "우리는 시작했으니 이미 이긴 겁니다."[28]

---

28 라이언 홀리데이, 《정의 수업》, 다산초당, 2024.

미국에 샌더스가 있다면
한국에는 이재명이 있다

정치 혁신의 길, 흔들리지 않는 원칙

추천사로 만난 이재명과 버니 샌더스

우선 문제를 하나 낼 테니 알아맞혀 보자. 다음 (1), (2), (3)은 각각 어느 나라 정치인이 한 말일까? 그리고 그 정치인들은 누굴까?

1. 사랑하는 네 명의 자식과 일곱 명의 손주가 있어서 저는 이 일을 하고 있습니다. 우리가 후손에게 물려줄 세상은 모두가 충만하고 품위 있는 삶을 누릴 수 있는 세상이어야 한다고 생각합니다. 사람들이 기를 쓰고 발버둥치면서 서로를 밟고 올라서는 세상을 저는 보고 싶지 않습니다.

2. 민주사회주의란 주당 40시간 이상 일하는 노동자라면 누구나 빈곤에서 벗어나야 한다고 주장하는 것입니다. 최고 부자 15명이 하위 40% 국민보다 많은 부를 소유한 체제는 뭔가 잘못되었다고 외치는 것이며, 아이들의 급식과 빈곤층에 대한 지원을 줄이면서 부자들의 세금을 깎아주는 것은 부끄러운 일이라고 말하는 것입니다. 그리고 이 나라의 정부는 중산층과 빈곤층을 위해서 훨씬 더 많은 일을 할 수 있다고 생각하는 것이 바로 민주사회주의입니다.

3. 제가 과격하다고요? 과격이란, 부자들에게 감세해준 정치인들이 최저임금 인상을 반대하는 것을 가리킵니다! 국가에서 새롭게 창출되는 소득 대부분을 최상위 1%가 가져가는 상황이야말로 과격합니다. 또 한 집안의 경제적 부가 하위 1억 3,000만 명의 재산을 합친 것보다 크다는 사실, 이런 나라의 현실이 과격한 것입니다.[29]

답을 말하기 전에 먼저 정답 같은 오답을 대본다. (1),

---

29 버니 샌더스, 《버니 샌더스의 정치혁명》, 원더박스, 2015.

(2), (3) 모두 한국의 정치인이 한 말 같다. 그리고 (1)은 노무현, (2)는 노회찬, (3)은 이재명이 한 말이 분명하다. 내용은 물론이고 말투로 봐도 틀림없다.

하지만 안타깝게도 모두 오답이다. 그렇다고 오답이 틀린 건 아니지만, 정답은 따로 있다. 모두 미국의 정치인 버니 샌더스가 한 말이다.

1941년 뉴욕시 브루클린에서 가난한 페인트 판매원의 아들로 태어난 버니 샌더스는 시카고대학교 재학 시절부터 진보적 학생운동에 참여했다. 1981년 버몬트주 벌링턴 시장 선거에 무소속으로 출마하여 당선된 샌더스는 시장으로 4선, 버몬트주 연방 하원의원으로 8선을 역임하고, 현재 버몬트주 연방 재선 상원의원이다. 정치 입문 이후 내내 민주사회주의자를 표방한 가운데 중산층과 빈곤층, 노동 계층과 소수자를 대변하고 거대 자본과 과두제 정치 구조를 비판해 왔다. 민주당과 공화당의 타협으로 2010년 12월 부자 감세 연장 법안이 상정되자 상원에서 8시간 35분간 필리버스터를 펼쳐 미 전역에 그 이름을 알리고 미국뿐 아니라 전 세계적으로 진보 정치의 아이콘이 되었다.

2015년 늦가을, 이재명은 출판사로부터 곧 나올 신간의 추천사를 요청받았다.《버니 샌더스의 정치혁명》. **"미국 대선**

뉴스에 종종 등장하기 시작한 정치인 버니 샌더스에 대한 궁금함은 있었으나 사실 그에 대해 아는 바가 별로 없던" 이재명은 "궁금증도 해소하고 지친 머리도 식힐 겸 읽기 시작했다가 첫 두 장을 다 넘기기도 전에" 찬탄했다. "허, 이 사람 진짜배기구나."

출판사에서는 버니 샌더스와 가장 닮은꼴의 현역 정치인을 찾다가 이재명 말고는 아무도 없다는 걸 알고 추천사를 요청했다는 후일담을 남겼다. 그런데 우스운 것은, 이후 버니 샌더스가 한국에서 미국 이상으로 인기가 높아지자 여야, 보수 진보, 좌우를 가리지 않고 한국의 정치인들이 너도나도 자기가 버니 샌더스와 가장 닮았다고 나선 것이다. 진작에 한국 정치판이 코미디판(코미디언들께는 죄송하다)인 것은 알았지만, 이건 정말이지 코미디를 넘어 소가 웃을 일이다. 결국은, 이재명을 죽도록 싫어해서 비난하고 음해하고 질시해온 바로 그 정치인들이 서로 자기가 이재명과 닮았다고 나선 꼴이기 때문이다.

이재명은 추천사에서 "샌더스가 아웃사이더가 된 것은 미국의 비정상적 정치 상황 때문"이라고 진단한다.

> 미국은 1980년 공화당의 레이건 대통령 집권 이후 정치와 경제 모든 측면에서 보수화가 거셌다. 샌더스가 이 책에서 이야기하듯이 상위 1%가 하위 50%를 합한 것

보다 큰 소득을 올리고 월마트 대주주 집안 하나가 소득 하위 1억 3,000만 미국인들보다 더 많은 부를 소유하는 상황이다. 정상적인 정치라면 이러한 부의 편중에 의문을 제기하고 서민 지원책을 논의해야 할 터인데 현실은 오히려 거꾸로 흘렀다.

정치권은 경제를 살린다는 명목으로 부자들의 세금은 깎아주면서 반면에 아이들과 저소득층에 대한 교육과 의료비 지원은 줄였다. 최저임금을 인상하자고 하면 경제를 망친다고 으름장을 놓고 복지 이야기를 꺼내면 포퓰리즘이라고 몰아붙이는 풍토가 횡행했다. 어디서 많이 본 상황 아닌가?

올해 나는 우리 사회의 최대 취약 계층으로 전락한 청년들을 지원하는 청년 배당 정책을 제안했다. 이 정책은 성남시에서 3년 이상 거주한 24세 청년 약 1만 1,300명을 대상으로 하며 1인당 100만 원씩 연간 예산 약 113억 원 정도가 소요된다. 정책을 제안하면서 예상은 했지만, 곧 거대 언론과 중앙정부의 융단폭격이 시작되었다.

"청년들에 연 100만 원 살포, 해도 너무하는 성남시"라는 사설이 등장하는가 하면, 박근혜 대통령은 "누구는 받고 누구는 못 받고 사회적 불평등만 커지는 건 아닌지…"라며 제동을 걸었다. 기가 막힌 일이다.

이전 정권은 4대강에 22조 원, 자원외교에 37조 원을 썼는데 청년들 일자리 하나라도 개선되었는가. 청년배당은 그 수천 분의 1에 불과한 예산이 소요될 뿐이고 멀쩡한 국토에 기약도 없는 삽질을 하는 것이 아니라, 우리 경제의 미래를 짊어진 청년에게 투자하자는 것이다.

게다가 성남시가 확보한 청년 배당 예산은 빚을 내거나 세금을 새로 걷는 게 아니라 예산을 절감하고 아껴서 자체 재정으로 확보한 것이다. 내가 시장 취임 당시 성남시의 비공식 부채는 약 7,285억 원에 달했다. 이를 3년 6개월 만에 거의 다 상환하고 전국 최상위권의 재정자립도를 만든 여력으로 청년을 지원하겠다는데도 이 지경이다.

복지는 시민이 낸 세금을 행정이라는 수단을 통해 다시 시민들에게 환원하는 것이지, 애초부터 공짜니 아니니 하는 개념 자체가 성립 불가능한 것인데도 말이다.

나는 다음과 같은 샌더스의 견해에 전적으로 동의한다.

"내가 말하는 정치 혁명이란 그저 선거에서 승리하는 게 아니다. 수천만의 사람들이 정치적 절차에 참여할 수 있도록 여건을 조성하고, 매체의 본질을 바꿔서 수많은 사람의 애로사항과 고통을 다루게 만드는 일이다. 선거운동은 그저 표를 얻고 당선되는 일 이상의 무엇이어야 한다. 사람들을 깨우치고 조직하도록 돕는 일이어야 한다. 그렇게 할 수만 있다면 앞으로 오랜 세월에 걸쳐 정치의 역할 관계를 바꿀 수 있다."

무소속으로서 민주사회주의자로서 거대 정당들로부터 견제당하고 보수 매체들의 공격 표적이 되면서도 샌더스가 꾸준히 선거에 승리한 비결은 다른 데 있지 않다. 그는 정치를 평범한 사람들, 일하는 사람들이 행복하게 살 수 있는 희망을 만드는 일로 보았고 진심을 열고 버몬트 주민들을 하나하나 만나면서 필요한 의제에 대해 수도 없이 토론을 거듭하며 사람들의 마음을 얻었다. 절대 동감이다. 정치가 특별한 것인가. 엘리트들만의 것인가. 모든 사람이 희망을 품는 세상을 만드는 일인데.

샌더스 같은 진짜배기가 미국 대선전에 뛰어든 것은 미국인에게 커다란 행운이 아닐 수 없다. 그의 출마 자체가 이미 하나의 정치 혁명이자 새로운 희망을 여는 상징이다.[30]

---

30 버니 샌더스, 《버니 샌더스의 정치혁명》, 원더박스, 2015.

빼닮은 두 사람의 정치 행보

이재명이 처음 정치를 시작한 성남은 분당신도시가 들어선 이후 정치적으로 보수의 기세가 한층 강해져 시장이든 지역 국회의원이든 민주당 후보가 당선되기 어려운 험지가 되었다. 열두 살 때 고향에서 올라온 이후 소년노동자로, 대학생으로, 노동인권 변호사이자 시민운동가로 살아오면서 한 번도 성남을 떠난 적이 없는 진짜배기 성남시민 이재명도 2006년 성남시장 선거에 나갔다가 23.75% 득표에 그쳐 크게 졌다.

버니 샌더스가 시장으로 출마한 벌링턴시가 속한 버몬트주는 남북전쟁 이전인 1854년부터 100년 이상 공화당의 아성으로, 성남보다 훨씬 심한 보수 강세 지역이었다.

샌더스는 1968년 버몬트주로 이사 와서 1971년 버몬트주 벌링턴으로 이사한 이후 완전히 정착했다. 미국의 정치 현실에 실망하여 정치 혁명을 일으키고자 이때부터 정치에 뛰어든 그는 1972년부터 1976년까지 네 번의 선거(연방 상원의원, 버몬트 주지사, 연방 상원의원, 버몬트 주지사)에 자유연합당 후보로 출마하여 각각 2.2, 1.1, 4.1, 8%의 득표로 모두 낙선했다. 그리고 1981년 벌링턴 시장 선거에 무소속으로 출마하여 현직 시장을 10표 차이로 누르고 시장이 되었다.

무소속 버니 샌더스가 처음 시장에 당선되자 민주·공화 양당으로 이루어진 시의회는 그가 제청한 각료 임명을 모두 거부했다. 1년 동안 그의 주요 참모들은 시장실이 아닌 샌더스 자택 테이블에 앉아서 회의하며, 무보수로 시정 업무를 봐야 했다.

이런 지역에서 무소속 민주사회주의자인 그가 거대 양당으로부터 견제당하고 보수적 매체들의 공격 표적이 되면서도 연거푸 승리한 것은 특별한 선거 비결이 있어서가 아니다. 샌더스는 정치를 '평범한 사람들, 일하는 사람들이 행복하게 살 수 있는 희망을 제시하는 일'로 보았고 의회에 자신들을 대변해줄 사람 하나 없는 이들에게 제대로 된 정치적 대변인을 선출하면 세상이 어떻게 바뀌는지 차근차근 보여주었다. 시 행정 업무에서는 어떤 관료나 보수 인사들보다 철저히 주민들에게 편의를 제공하면서도 예산을 절감해냈다. 그가 시장으로 8년을 재직하고 퇴임할 때 벌링턴시는 미국에서 가장 살기 좋은 도시, 환경과 문화 선진 도시로 꼽혔다.

벌링턴시의 변화는 이재명이 시장으로 재임하던 8년간 성남시의 변화를 보는 듯한 착각이 들 정도로 샌더스와 이재명, 두 사람의 정치 행보가 빼닮았다.

찰떡 같은 말을 개떡 같이 알아듣는 저들을 어찌할까?

재정 혁신과 양극화 완화 방안의 하나로 타진한 '국가 투자'

시장의 수선공에서 시장 창출자로

　2025년 3월 2일, 이준석 개혁신당 의원이 페이스북에 "반기업적, 반시장적인 인물이라는 것이 다시 한 번 증명되었다"며 이재명 더불어민주당 대표를 직격했다. "대한민국에도 엔비디아 같은 혁신 기업이 탄생하기를 바라는 마음은 모두 같습니다. 하지만 기업이 성공하면 법인세를 가져가는 것도 모자라, 30%의 지분을 국민에게 배분해야 한다고 주장하는 사람이 지도자가 된다면, 과연 그 기업이 한국에서 사업을 영위할 이유가 있을까요?" 그는 "정치권이 엔비디아 같은 기업이 생기면 뜯어먹을 생각을 하기 전에 반성부터 하자"고 제안한 데 이어 "본인이 내세우는 '기본' 시리즈의 재원 마련이 어려우니, 이제는 기업의 지분을 비정상적으로 확보하겠다는 발상을 내놓는 것 아닙니까?"라고 비난했다.

이에 이재명은 "AI가 불러올 미래에 대한 무지도 문제이지만 한국말도 제대로 이해하지 못하니, 그런 수준의 지적 능력으로 어떻게 국정을 책임지겠느냐? 극우 본색에 거의 문맹 수준의 식견까지, 참 걱정된다"고 지적했다.

그렇다면 이와 관련하여 이재명은 민주당 유튜브와의 대담에서 실제로 어떤 발언을 했을까? 이재명은 발상의 전환 차원에서 국가가 혁신 기업에 투자하는 방안을 얘기하는 중에 혁신 기업의 아이콘으로 뜬 엔비디아를 예로 들었다.

"발상의 전환이 필요하지 않을까, 그러니까 예를 들면 지금 인공지능에 투자해야 하잖아요. 그중 일부를 국민 펀드나 국가가 가지고 있으면서 거기서 생기는 생산성 일부를 국민이 모두가 골고루 나눠 가지면 세금 굳이 (많이) 안 걷어도 되는 거잖아요."

그러니까 이재명은 국가 재정을 100% 세금으로만 충당하는 현 재정 시스템은 경기가 안 좋아 세수가 줄어들면 빚을 내는 수밖에 없는 구조이므로 그 한계를 어떻게 보완할까 하는 아이디어 제안 차원에서 국가의 혁신 기업 투자를 거론한 것이다. 대담자가 "그러니까 당연히 여기서 나온 결과물을 시민들하고 어떻게 나눠가질 건지 처음에 이걸 시작하면서 합의가 되어야 하는 거예요" 하자 이재명은 "저는 가능하다고 보는데…. 엔비디아 같은 회사가 하나 새로 생겼다. 그중에 국민의 지분이 30%다. 그래서 그 70%는 민간이 가지고 30%를 국민 모두 나누면 굳이 세금에 막 그렇게 의존하지 않아도 (되잖아요)" 한 것이다.

대담에서는 이 대화가 나오기 전에 신재생에너지 투자 사업처럼 향후 새로운 산업이 열리는 분야에서 정부나 국민이 직접 투자에 참여해 나오는 수익을 어떻게 활용할 것인지를 토론했다. 그전에는 함께 출연한 인공지능 전문가들이 업계의 현황을 전했다. 핵심은 역량이 뛰어난 국내 연구자들과 개발자들이 소량의 그래픽처리장치(GPU) 칩조차 확보하지 못해 최신의 연구와 개발에 어려움을 겪는다는 내용이었다. 이재명이 엔비디아 같은 기업의 지분 30%를 언급한 것은 (이준석이 비난한 것처럼) 이미 성공한 기업의 지분을 빼앗자는 게 아니라(혹시 이준석은 이게 가능하다고 여기는 걸까), 정부가 과감한 투자에 나서자는 취지이니 지분 30%는 투자에 따른 당연한 성과물이다. 정부가 초기에 모험 투자를 한 만큼 지분을 취득하고, 그 지분을 통해 기업의 이윤을 주주인 정부, 궁극적으로 세금을 낸 국민이 함께 나누자는 것이 발언의 취지다.

게다가 혁신 산업에 정부가 선투자하자는 발언도 새로운 내용은 아니다. 그간 학계에서도 꾸준히 제기된 주장인데, 그 대표적인 학자가 혁신 분야의 세계적 구루로 통하는 유니버

시티칼리지런던(UCL)의 마리아나 마추카토 교수다.

혁신 공공가치 경제학의 세계적인 권위인 마추카토는 《기업가형 국가》, 《가치의 모든 것》 등을 통해 국가가 혁신을 이끌고 새로운 시장을 창출하는 주체가 되어야 한다고 주장했다. 그는 최근에 발표한 《미션 이코노미: 정부와 시장의 담대한 혁신》(이음, 2025)을 통해 정부가 시장의 수선공으로 남을 게 아니라 시장 창출자의 역할로 나아가야 한다고 주장했다.

"정부는 대응적으로 시장을 고치는 데 머무는 것이 아니라, 사회가 필요로 하는 성과를 내기 위해 직접 나서서 시장을 함께 만들어야 한다. 정부는 '최초의 투자자'로서 위험을 감수하면서 경제의 방향을 이끌 수 있고, 그래야 한다. 정부는 목적을 달성하도록 시장을 다듬을 수 있고, 그렇게 해야 한다."

이재명이 대담에서 말한 내용이 바로 마추카토가 주장한 내용이다. 마추카토는 세계적인 석학이라며 추켜세우면서 이재명의 이런 대담 내용을 물어뜯는 건 알고 보면 당사자들도 창피할 텐데, 문제는 물어뜯기만 하고 정확히 알아볼 생각은 아예 없다는 것이다.

공공 부문이 투자해
투자 이익을 상당 부분 나눌 필요

그런데 이재명이 세계적인 석학 유발 하라리와 대담을 마친 후에 유승민이 이재명을 물어뜯고 나섰다. 뭐, 이해는 가는 일이다. 노이즈 마케팅 차원에서 자기보다 급이 높은 사람을 물고 늘어져야 덩달아 자기 존재감도 높아진다고 생각할 테니 말이다. 아무리 그렇더라도 유승민이 자칭 경제 전문가에다가 '합리적 보수' 소리를 듣는 정치인이라면 대담 내용 전체를 찬찬히 들여다보고 비판다운 비판을 했으면 어떨까 하는 아쉬움이 남는다.

"이재명 대표의 엔비디아 발언은 공산주의가 아니라, 그저 경제에 대해 일자무식인 사람의 망상에 불과하다."

참, 이게 무슨 개소리란 말인가. 구체적으로 무슨 발언이 왜 망상이란 것인지는 쏙 빠졌다. 하기야 평소 점잖던 유승민이 이재명 얘기만 나오면 급발진해서 개소리를 험악하게 해대는 게 어제오늘의 일이 아니라서 한편으론 이해가 가면서 측은한 생각이 든다.

더 가관인 건 안철수까지 비난 대열에 가세하여 페이스북에 "이재명 대표께서는 AI 토론은 하라리 교수보다 저랑 먼저 하셔야 한다"면서 "국가 지도자를 꿈꾸는 사람이 국내 전문가와 토론을 기피하고, 학생처럼 외국 학자의 말을 경청하는 것을 토론이라 할 수 있겠냐"며 이재명을 모멸적으로 깎아내렸다. 이참에 자기가 (외국 전문가인 하라리보다 뛰어난) '국내 전문가'임을 홍보하고 싶은 절박함이야 이해가 가면서도 무슨 초등학생 질투하는 모양새로 징징대는 행태에는 역시 측은함이 앞선다.

그럼 지난 2025년 3월 22일, 국회 사랑재에서 100분간 진행된 이재명과 하라리의 대담에서 무슨 얘기가 오갔을까?

이재명은 이 자리에서 "(AI 산업은) 엄청난 자원을 투자해야 하므로 거대 기업, 소수만이 부를 누릴 가능성이 크다. 공공부문이 투자해 투자 이익을 상당 부분 나눌 필요가 있지 않나 하는 의견을 제시했다. 이와 관련해 하라리도 19세기 산업혁명 시기 기업의 아동 노동력 착취 사례를 거론하며 "원칙적으로 볼 때 정부가 (AI 산업에) 반드시 개입해야 한다"는 의견으로 이재명의 견해에 동의했다.

이재명은 AI로 인한 양극화 문제를 해결하기 위해선 결국 정부의 역할이 중요하다면서 AI 산업에 대한 국가투자론을 거듭 강조했다. 그리고 AI로 인한 불평등을 줄이기 위해선 정부가 공교육을 강화해 AI 사용법을 가르치고 비판적 사고를 키우기 위한 노력도 병행해야 한다고 말했다.

중요한 것은 'AI가 인간에게 무엇을 더 빼앗아갈 것인

가', 하는 지엽적인 질문이 아니라 'AI로 인해 노동의 굴레에서 벗어난 세상에서 우리는 어떻게 살 것인가' 하는 근본적인 질문이다. 이 질문에 대한 답으로, 기본소득 운동의 살아있는 역사로 불리는 영국의 경제학자 가이 스탠딩은 《기본소득》(창비, 2018)에서 기본소득으로 재구조한 새로운 사회 시스템을 제시한다.

디지털 포스트 〈PC 사랑〉의 양병철 기자는 더불어민주당 집권플랜본부 총괄본부장 김병욱이 페이스북에 올린 글을 인용하여 이재명의 발언에 대한 이준석 등의 비판 내용을 잘 정리해 보도했다.

> 김병욱 본부장은 이재명 대표의 '한국판 엔비디아' 발언을 폄훼한 이준석 개혁신당 의원을 겨냥해 "생트집을 잡고 있다"고 비판했다.
> 김 본부장은 3일 페이스북에 올린 글에서 "(이 대표는) 정부가 AI 기업에 제대로 투자해 세계의 빅테크 기업으로 키우고, 그 이익 중 정부 지분만큼 국민에게 돌려주겠다는 구상을 밝힌 것"이라며 "이 의원은 선입견으로 남의 의견을 왜곡하지 말라"고 경고했다.
> 이 대표는 전날 더불어민주당 싱크탱크인 민주연구

원이 운영하는 유튜브 채널 '오피큐알 OPQR'에 출연해 '한국의 엔비디아'가 탄생하는 것을 가정해 수익의 70%는 민간이 갖고, 30%는 국민 모두 나누면 굳이 세금에 의존하지 않아도 되는 사회가 오지 않을까, 하고 언급했다.

이에 대해 이준석 의원은 본인의 페이스북에 "IT 기업의 성장 주기를 이해한다면 이는 비현실적인 발상"이라고 적었다. 이 의원은 "엔비디아 젠슨 황 대표도 창업 초기 지분율 20%에서 시작해 기업공개(IPO) 이후 점차 희석됐다"며 "현재는 약 3.5%에 불과하다"고 주장했다.

그러면서 "엔비디아 같은 글로벌 기업도 성장하는 과정에서 창업자 지분을 줄이는 구조인데 정부가 30% 지분을 국민 몫으로 확보하겠다는 것은 기업 생태계를 전혀 모르는 발상"이라고 비판했다.

이 같은 발언에 김 본부장은 "엔비디아와 같이 성장할 (국내) 기업에 정부가 투자해 성공하면, 그 이익을 정부의 지분만큼 수익이나 배당의 형태로 가져올 수 있다는 (이재명 대표) 얘기를 왜곡한 것"이라며 "이재명 대표의 발언은 정부의 투자를 전제로 한다"고 강조했다.

이어 "이 대표의 발언은 정부의 투자를 전제로 얘기한 것인데 참 말도 안 되는 비난"이라며 "어찌 투자하지 않고 성과를 가져온다는 말인가. 이는 자본주의 시장의 가장 기초"라고 부연했다.

그러면서 "성장할 기업에 정부가 투자해 성공하면 이익 중 정부의 지분만큼 수익이나 배당의 형태로 가져온다는 기본적인 얘기를 이렇게 왜곡한단 말이냐"고 되물었다.

김 본부장은 "글로벌 AI 기업을 탄생시키기 위해서는 민간에만 맡기기보다 가능하다면 정부도 투자하고, 성공시켜 국민과 함께 나누겠다는 것"이라고 설명했다.[31]

---

31 https://www.ilovepc.co.kr/news/articleView.html?idxno=53310

세월만 보내던 혁신,
이재명이 하니까 바로 되네!

이재명의 혁신이 부른 나비 효과

재정혁신을 통한 도시 선진화 사례

2015년 11월, 성남시의 (부정부패를 없애고, 예산 낭비를 안 하고, 세금을 철저히 관리해서 각종 복지사업을 확대 추진한) 재정 혁신 사례가 유럽의 주목을 받았다. 이재명의 혁신이 세계 무대에서도 통한 것이다. 이재명은 스페인 바르셀로나에서 열린 '제5회 스마트시티 엑스포 세계대회'에 초청돼 성남시의 재정 혁신과 이를 통한 복지사업 확대 사례를 발표했다.

스마트시티 엑스포는 세계 각국 500개 도시, 1만 2,000명이 참가해 지속 발전이 가능한 도시 정책과 사물인터넷 첨단 기술을 공유하는 글로벌 네트워크의 장으로, 피라 바르셀로나와 바르셀로나시가 주최 및 후원하고 월드뱅크, 유엔 헤비타트 등 UN 산하 기구와 마이크로소프트, IBM 등 글로벌 기업이 협찬하는 국제 규모의 행사다.

　이번 엑스포에서 성남시는 이재명 시장의 사례 발표와 더불어 세계도시전자정부협의체인 위고(WeGO)와 함께 모라토리엄 극복과 재정 혁신 사례, 성남형 3대 무상 시리즈로 불리는 청년 배당, 무상교복, 공공산후조리원 등 공공성 강화 정책, 트위터, 페이스북 등 SNS를 활용한 광속 행정, 도심 상권 재생 모델인 타운 매니지먼트 시스템 내용으로 구성한 전시 부스를 선보였다.

　이재명은 사례 발표에서 "40년 전 가난과 철거민의 도시로 불렸던 성남시가 100만 명이 거주하고 20억 달러의 재정을 운용하는 대형 도시로 발전했으나 전임 정부의 방만함으로 모라토리엄 선언이라는 상황에 놓이게 되었다. 오늘날 세계 각국 도시들이 직면한 재정 위기를 극복하기 위해선 기본과 원칙에 충실한 시정 운영만이 유일한 대안"이라고 강조했다. 또 "트위터를 활용하면서 민원처리 기간이 7일에서 1일로 현격히 단축됐고, 민원처리의 전 과정이 실시간으로 소셜미디어를 통해 피드백되면서 '광속 행정'이라는 별명이 붙었다"고 소개했다.

　이날 성남시 부스를 찾은 네덜란드 하를레메르메이르시의 후스트 반 파센 전략특별기획관은 "현재 도시 내 구시가지에 신공항을 건설할 예정인데, 성남시의 재정 혁신을 통한 도시 선진화 사례가 도움이 될 것"이라며 "굉장히 스마트한 성남의 사례를 배우기 위해 추후 시의회와 논의해 반드시 성남을 찾겠다"고 했다.

카이스트(KAIST)가 초청한 신흥개발국 공무원 39명도 성남시가 이번 스마트시티 엑스포에서 발표한 '재정 혁신 및 공공성 강화 정책, 도심 상권 재생 모델' 등을 벤치마킹하기 위해 성남을 방문했다.

압도적인 지지로 '변방의 장수' 이재명 선택

2018년 6월 13일, 제7회 전국동시지방선거에서 경기도민은 16년간 연속 도정을 맡아온 보수 정당 소속의 현역 지사 대신 56.4%의 압도적인 지지로 '변방의 장수' 이재명을 선택했다. 이재명이 성남시장으로 재임하면서 보여준 정의롭고 공정한 시대정신, 혁신을 통한 변화를 경기도에서도 구현하기를 바랐기 때문이다. 2018년 7월 2일, 이재명은 취임사를 통해 도민의 기대에 부응할 것을 약속했다.

이 가벼운 임명장에 담긴 책임의 무게가 얼마나 막중한지 잘 알고 있습니다. 저를 믿고 책임을 맡겨주신 여러분께 경기도의 운명과 도민의 삶을 책임지겠다는 각오로 제 온 마음을 담아 약속드립니다.

첫째, 억울함이 없는 공정한 경기도를 만들겠습니다. 민선 7기 경기 도정은 '공정'이라는 원칙을 확고하게 실천하겠습니다. 경기도지사는 군림하는 존재가 아니라 도민의 명령을 성실하게 수행하는 대리인입니다. 억울함이 없는 세상, 공정한 경기도를 만들라는 도민의 명령을 충실하게 따르겠습니다. 도지사의 모든 권한과 책임은 주권자인 도민의 것인 만큼 오로지 도민을 위해 공정하게 사용될 것입니다. 기회는 모두에게 공평하고, 공정한 경쟁이 보장되며, 기여한 만큼의 정당한 몫이 보장되는 경기도를 만들겠습니다. 성실한 사람이 인정받고 노력은 배반당하지 않는다는 믿음이 뿌리내리고, 도민 여러분에게 더 많은 기회와 더 큰 희망이 주어지도록 하겠습니다.

둘째, 문재인 정부의 나라다운 나라를 경기도에서 실현하겠습니다. 우리는 지금 거대한 전환기에 서 있습니다. 문재인 정부가 열고 있는 평화의 시대, 번영하는 나라를 지방정부가 든든하게 뒷받침해야 합니다. 한반도의 평화와 새로운 번영의 시대를 향해 경기도가 앞장서겠습니다. 문재인 정부의 한반도 신경제지도 구상에 발맞춰 긴밀하게 소통하고 협력해서 경기도를 남북 간 교류 협력, 나아가 동북아 평화경제공동체의 중심으로 만들겠습니다.

셋째, 전국 최고의 삶의 질이 보장되는 경기도를 만들겠습니다. 복지는 헌법에 규정된 국민의 권리이자 정부의 의무입니다. 복지를 확대해 도민들이 골고루 혜택을 누리게 하겠습니다. 부정부패, 예산 낭비, 세금 탈루를 없애고 도민의 혈세가 도민을 위해 제대로 쓰이게 하겠습니다. 지역 화폐와 결합된 복지 확대로 전통시장과 골목상권을 살리고, 중소기업 지원과 창업 활성화, 노동권 강화로 일자리와 가처분소득을 늘려 경제가 지속 성장하는 선순환 구조를 만들겠습니다. 도민임이 자랑스러운 경기도, 모두가 이사 오고 싶은 경기도를 만들겠습니다.

넷째, 참여와 자치, 분권의 모범을 만들겠습니다. 경기도는 대한민국 최대 자치정부입니다. 새로운 경기도는 31개 시·군이 특색 있고 조화롭게 발전하며, 도민이 자긍심을 가지고 도정에 주체적으로 참여하게 될 것입니다. 경기도가 참여와 자치, 분권과 협력의 모범을 만들고 대한민국의 표준이 되겠습니다.

사랑하는 도민 여러분,

촛불 혁명을 통해 시작된 거대한 변화의 흐름은 우리 사회 전반을 바꾸고 있습니다. 이제 정치가 화답해야 합니다. 약속을 어기는 무책임 정치, 주권자를 무시하는 독단 정치, 기득권만을 위한 배신의 정치를 끝내고 책임을 다하는 진심의 정치를 해야 할 때입니다. 저부터 실천하겠습니다. 약속을 지키는 도지사가 되겠습니다. 지위보다는 해야 할 일에, 권한보다는 책임에 더 집중하겠습니다. 저에게 주권자와의 약속은 계약 그 이상입니다. 화려한 말보다 책임지는 행동과 실천으로 선거기간 약속한 것들 하나하나 꼼꼼히 챙기겠습니다.

경청하고 소통하는 도지사가 되겠습니다. 주권자의 위임을 받은 대리인으로서 역할과 책임을 다하기 위해 잘 듣고 끊임없이 소통하겠습니다. 도민 위에 군림하는 도지사가 아니라 도민들 옆에서 함께 하는 도지사가 되겠습니다.

강자의 횡포를 누르고 약자를 돕는 도지사가 되겠습니다. 저는 정치의 역할이 소수 강자의 횡포를 억제하고 다수 약자를 도와서 함께 어우러져 살게 하는 것이라고 믿습니다. 기득권의 편이 아니라 평범한 도민의 편에서 '억강부약(抑强扶弱)'을 실천하는 도지사가 되겠습니다.

도민 여러분, 올해는 경기 정명 천년이 되는 해입니다.

천 년 전 경기도를 만든 고려 현종은 강감찬과 함께 거란을 물리치고 120년 평화와 번영의 시대를 개척한 명정치가였습니다. 현종은 즉위 조서에서 공직자들에게 "양청격탁(揚淸激濁)을 원칙으로 삼고 배공향사(背公向私)

를 경계하라"고 당부했습니다. 청렴을 장려하고 부패를 배격하며, 공익보다 사익을 앞세우지 말라는 뜻입니다. 특별히 지방관들에게는 "백성 사랑하는 마음을 깊게 간직하고 만물을 아끼는 마음을 잊어서는 안 된다"고 강조했습니다. 현종의 이 가르침은 오늘날에도 여전히 깊은 울림으로 다가옵니다. 사익보다 공익을 우선하고, 항상 도민을 섬기는 마음으로 도정에 임하겠습니다.

이제 지난 천 년을 갈무리하고 새로운 경기 천 년을 만들어가야 할 때입니다. 원래 경기(京畿)는 왕성의 주변 지역을 의미하는 말이었습니다. 하지만 이제 그 의미를 '경세제민(經世濟民)'의 경(經), '기초(基礎)'의 기(基), 즉 '경세제민의 터전'이라는 뜻의 '경기(經基)도'로 새로 정립하겠습니다.

도민의 생존권이 제도적으로 보장받고, 도민의 삶의 안정에 절대 가치를 두는 곳, 공정의 원칙이 확립되고 모든 영역에서 불평등이 없는 곳, 청년에게는 희망이, 어르신들에게는 재도약의 기회가 제공되는 곳, 그래서 한 명 한 명 모든 도민의 자존감이 충족되는 새로운 경기(經基)도로 만들겠습니다.

새로운 경기도는 자치의 시대, 분권의 시대, 주권자의 시대를 이끄는 대한민국의 새 중심이 될 것입니다. 도민 모두가 주인으로서 스스로 운명을 개척하며 함께 사는 공동체를 여러분과 같이 만들어가겠습니다.

과연 이재명은 도민의 기대를 저버리지 않았다. 이재명이 아니면 할 수 없는 혁신을 정책으로 보여주었다. 이재명이 이끄는 변화와 혁신의 새로운 경기도는 복지와 경제의 선순환, 공공서비스 확장, 풀뿌리민주주의 확장, 다양한 혁신 사업 등을 통해 도민의 삶에 활력이 넘쳤다. 청년 기본소득, 산후조리비, 무상교복 등 3대 복지 정책, 지역 화폐법제화, 기본소득형 국토보유세 도입, 공공개발 이익 환원, 남북교류협력사업 제도 개선, 수술실 CCTV 확산, 24시간 논스톱 닥터헬기 도입, 계곡 불법시설 전면 정비, 건설공사 원가 공개 등의 숱한 혁신 정책은 도민의 선택에 대한 이재명의 뜨거운 응답이었다.

그러는 가운데 이재명은 2018년 6.13 지방선거 TV 토론회에서 "친형의 정신병원 강제 입원에 관여하지 않았다"는 허위 사실 공표 혐의로 2019년 9월 6일 2심에서 (1심의 무죄 선고를 뒤집은) 당선무효형에 해당하는 벌금 300만 원을 선고받았다. 이에 "우리 도지사"를 잃게 생긴 도민들은 충격에 휩싸였다. 토론회 때의 발언을 꼬투리 잡아 도민의 판단과 선택권을 훼손하는 당선무효형이 나오리라고는 생각지도 못한 것이다. 이에 도민들은 "공정한 세상을 기치로 내건 경기도의 변화가 계속되어야 한다"며 자발적으로 나서 탄원서를 작성하고 서명운동을 벌이는 한편 성명서를 통해 이재명을 적극적으로 변호했다.

도민들의 이런 열성과 염원이 통했는지 2020년 7월 대법원은 무죄 취지의 파기 환송 판결을 내렸다.

07

오늘도 등대에
불을 켜는 사람

이재명의 비전

이재명은 정치인이 등대에 불을 켜는 사람이어야 한다고 믿는다. 국민이 어둠 속에서도 길을 잃지 않도록 등대를 지키고 돌보는 사람이어야 한다고 믿는다. 등대는 국가일 수도 있고, 지방정부일 수도 있고, 헌법이나 법률이나 제도일 수도 있고, 대통령이나 장관이나 지자체장이나 9급 공무원 혹은 요양보호사라는 공직일 수도 있다. 그런 것들은 그 자체로는 아무 쓸모가 없다. 거기에 불을 켜 생명력을 불어넣어야 비로소 그 이름이 갖는 역할을 하게 된다.

정치인은 등대가 아니라
등대에 불을 켜는 사람이다
등대에 불을 켜온 정치인 이재명의 비전

〽️

정치인은 등대에 불을 켜는 사람

등대는 캄캄한 밤바다를 밝혀 배들이 길을 잃지 않도록 길을 잡아준다. 하지만 불을 켜지 않은 등대는 있으나 마나다. 등대는 불을 켜지 않은 채로 오래 지나면 존재 가치를 상실한다. 밤이면 불을 켜는 등대라야 배들의 길잡이가 되고 그 아름다움을 유지한다. 어두워지면 등대는 빛을 밝히는 등명기를 작동하는데, 등탑에 올라가지 않고 사무실에서 원격으로 조종한다. 옛날에는 등대지기가 등탑으로 올라가 손수 등불을 켜 등대를 밝혔다. 등명기의 작은 전구에서 나온 빛을 압축한 몇 개의 볼록렌즈가 해상 수십 마일까지 비춰 어둠을 밝힌다.

등대는 그 몸의 색깔에 따라 쓰임이 다르다. 나가는 배는 하양 등대에, 들어오는 배는 빨강 등대에 붙어서 운행한다. 밤이 되면 빨강 등대는 빨강 등불을, 하양 등대는 초록 등불을 켠다. 노랑 등대도 있는데, 이는 주변에 암초 등이 있으니 주의하라는 표시다.

안개가 짙게 끼거나 폭풍이 몰아치는 등 기상 이변이 생기면 등명기가 내보내는 빛이 어둠을 뚫어내지 못한다. 그때는 음향장치를 통해 소리를 내보내거나 전파를 쏘아 배가 어둠 속에서 길을 잃지 않게 돕는다. 상황이 좋지 않으면 그런대로 다 방법이 있게 마련이다.

등대지기의 역할은 밤에 불을 켜는 것만이 아니다. 등대 옆쪽에 설치된 기상계측기로부터 풍향, 풍속, 시정, 안개, 파고 등에 대한 정보를 수집하여 보고한다. 이 정보를 보고 선박 운항실에서는 배를 띄울지 말지 결정한다. 또 등대지기는 등명기 작동에 문제가 없도록 유류탱크 배터리를 점검하고, 소각장을 비우는 등 등대 주변을 말끔히 관리한다.

이재명은 정치인이 등대에 불을 켜는 사람이어야 한다고 믿는다. 국민이 어둠 속에서도 길을 잃지 않도록 등대를 지키고 돌보는 사람이어야 한다고 믿는다. 등대는 국가일 수도 있고, 지방정부일 수도 있고, 헌법이나 법률이나 제도일 수도 있고, 대통령이나 장관이나 지자체장이나 9급 공무원 혹은 요양보호사라는 공직일 수도 있다. 그런 것들은 그 자체로는 아무

쓸모가 없다. 거기에 불을 켜 생명력을 불어넣어야 비로소 그 이름이 갖는 역할을 하게 된다.

2025년 2월 10일, 이재명은 새로운 비전을 등불로 내걸고 국회 교섭단체 대표연설을 했다.

진보 정책이든 보수 정책이든 유용한 처방이면 모두 어둠을 밝히는 등불로 사용하겠다는 '잘사니즘'을 천명했다. 함께 잘사는 세상을 위해 유용하다면 어떤 정책도 수용할 것이라고 밝혔다.

대한민국은 지금 유례없는 위기와 역사적 대전환점에 서 있습니다.

식민지에서 해방되어 유일하게 산업화와 민주화에 성공한 나라. 세계 10위 경제력, 세계 5위 군사력을 자랑하며 K-컬처로 세계문화를 선도하던 문화강국, 이 자랑스러운 대한민국에서 예측조차 망상으로 치부될 만큼 비상계엄은 상상조차 불가한 일이었습니다. 그런데 경천동지할 '대통령의 친위군사쿠데타'가 현실이 되었습니다. 국민과 국회에 의해 주동 세력은 제압되었지만, 내란 잔당의 폭동과 저항이 70여 일 계속되며 대한민국의 모든 성취가 일거에 물거품이 될 처지입니다.

권력욕에 의한 친위군사쿠데타는 온 국민이 피로 쟁

취한 민주주의와 헌법 질서를 송두리째 파괴 중입니다. '군의 정치적 중립 보장', '헌정질서 파괴와 기본권 제한 금지'라는 1987년의 역사적 합의를 한 줌 티끌로 만들었습니다.

세계가 인정하던 민주주의, 경제, 문화, 국방 강국의 위상은 무너지고 일순간에 '눈 떠보니 후진국'으로 전락했습니다. 안 그래도 힘겨운 국민의 삶은 벼랑 끝에 내몰렸습니다. 외신의 아픈 지적처럼 "계엄의 경제적 대가를 오천만 국민이 두고두고 할부로 갚게" 되었습니다. 수십, 수백조 원의 직접 피해는 물론, 신뢰 상실, 국격 훼손 같은 계산조차 불가능한 엄청난 피해였습니다.

무엇보다 큰 상처는, 언제 내전이 벌어져도 이상할 게 없는 '극단주의'가 광범하게 배태되었다는 사실입니다. 법원, 헌법재판소, 선거관리위원회까지, 헌법기관에 대한 근거 없는 불신과 폭력이 난무합니다. 자유민주적 기본 질서라는 헌법 원리를 부정하는 '반헌법, 헌정파괴 세력'이 현실의 전면에 등장했습니다.

존경하고 사랑하는 국민 여러분.

그런데도 저와 무수한 동료들은 확신합니다. 국민의 삶과 국가의 미래를 망치며 비루한 사익과 권력을 좇던

'헌정파괴세력'이 여전히 반란과 퇴행을 계속 중이지만, 우리의 강한 민주주의는 이 어둠과 혼란을 걷어내고 더 밝은 미래와 더 활기찬 희망을 만들어낼 것입니다. 산이 높을수록 바람은 더 세지만 더 높이 올라야, 더 멀리 볼 수 있습니다. 군사 정권을 통한 영구 집권 시도, 어처구니없는 친위군사쿠데타가 세계를 경악시켰지만, 이제 그들은 대한민국 민주공화정의 회복력과 대한국민의 저력에 다시 놀랄 것입니다. 우리의 민주주의는 서슬 퍼런 권력에 온몸으로 맞선 국민의 의지를 모아 전진해왔습니다.

5000년 한반도 역사에서 위기를 만든 것은 언제나 무책임하고 무능한 기득권이었지만, 위기를 이겨내고 새 길을 연 것은 언제나 깨어 행동하는 국민이었습니다. 더불어민주당은 민주공화정의 가치를 존중하는 모든 사람과 함께 '헌정수호연대'를 구성하고, '헌정파괴세력'에 맞서 함께 싸우겠습니다.

국민과 함께, 무너진 국격과 신뢰, 경제와 민생, 평화와 민주주의를 회복하겠습니다. 국민에게 희망의 길을 제시하고, 새로운 성장 동력을 만들며, 공정한 성장으로 격차 완화와 지속 성장의 길을 열겠습니다.

1980년, 불의한 권력이 철수한 찰나의 광주에서 모두가 꾸었던 꿈, 함께 사는 '대동 세상'의 꿈은 2016년

촛불 혁명을 지나 2024년 '빛의 혁명'으로 이어집니다. 1894년 우금치 고개를 넘지 못한 동학군의 꿈은 2024년 마침내 남태령을 넘었습니다. 지금 이 순간에도 광장을 물들이는 '오색 빛들'의 외침은 우리를 다시 만날 새로운 세계, 더 나은 세상으로 이끌고 있습니다.

　　세계사에 유례없는 최악의 출생률과 자살률, 희망이 사라지고, 삶을 포기할 만큼 처절한 현실을 이제는 바꿔야 한다고 외칩니다. 모두가 함께 잘 사는 세상, 다시 희망이 펄떡이는 나라, 모든 국민의 기본적 삶이 보장되는 '기본이 튼튼한 나라'를 가리킵니다.

　　안타깝게도 우리 경제가 1%대 저성장에 들어섰습니다. 자칫 역성장까지 가능한 상황입니다. 기회와 자원의 불평등이 심화하고, 격차와 양극화가 성장을 막는 악순환이 계속됩니다. 저성장으로 기회가 줄어드니, 경쟁 대신 전쟁만 남았습니다. '오징어 게임' 주인공처럼, 사회적 약자가 된 청년들은 협력과 공존이 아닌 죽여야 사는 극한 경쟁에 내몰립니다. 경쟁 탈락이 곧 죽음인 사회가 서로 죽이자는 극단주의를 낳았습니다.

　　국가소멸 위기를 불러온 저출생은 불안한 미래와 절망이 잉태했습니다. 공동체의 존망이 걸린 출생과 양육은 이제 부모 아닌 공동체의 몫이어야 합니다.

AI로 상징되는 첨단기술 시대는 전통적인 노동 개념과 복지 시스템을 근본에서 뒤바꿀 것입니다. AI와 신기술로 생산성이 높아지는 대신, 노동의 역할과 몫의 축소는 필연입니다. AI와 첨단기술에 의한 생산성 향상은 '노동시간 단축'으로 이어져야 합니다. 창의와 자율이 핵심인 첨단과학기술 시대에 장시간의 억지노동은 어울리지 않습니다. 양으로 승부를 보는 시대는 갔습니다. 노동시간 연장과 노동 착취로는 치열한 국제 경쟁에서 생존조차 어렵습니다.

우리는 OECD 국가 중 장시간 노동 5위로 OECD 평균(1,752시간)보다 한 달 이상(149시간) 더 일합니다(2022년 기준). 창의와 자율의 첨단기술 사회로 가려면 노동시간을 줄이고 '주 4.5일제'를 거쳐 '주4일 근무 국가'로 나아가야 합니다. 특별한 필요 때문에 불가피하게 특정 영역의 노동시간을 유연화해도, 그것이 총노동시간 연장이나 노동대가 회피 수단이 되면 안 됩니다. '첨단기술 분야에서 장시간 노동과 노동 착취로 국제 경쟁력을 확보하겠다'는 말 자체가 형용모순입니다.

누구나 일할 수 있음을 전제로 예외적 탈락자만 구제하는 현 복지제도는 인공지능과 로봇이 생산의 주축이 되는 첨단기술 사회에선 한계가 뚜렷할 것입니다. 이제 우리는 초과학기술 신문명이 불러올 사회적 위기를 보편적 기본사회로 대비해야 합니다. 주거, 금융, 교육, 의료, 공공서비스 등 삶의 모든 영역에서 국민의 기본적 삶을 공동체가 함께 책임짐으로써 미래 불안을 줄이고 지속 성장의 길을 열어야 합니다.

이 과제들을 해결하려면 '회복과 성장'이 전제되어야 합니다. 희망을 만들고, 갈등 대립을 완화하려면, 둥지를 넓히고 파이를 키워야 합니다. 회복과 성장은 더 나은 내일을 위한 필요조건입니다. 새로운 성장 동력을 만들고, 성장의 기회와 결과를 함께 나누는 '공정성장'이 바로 더 나은 세상의 문을 열 것입니다.

새롭고 공정한 성장 동력을 통해 양극화와 불평등을 완화해야만 '함께 잘 사는 세상'으로 들어갈 수 있습니다. 성장해야 나눌 수 있습니다. 더 성장해야 격차도 더 줄일 수 있습니다. 국민의 기본적 삶을 기본권으로 보장하는 나라, 두툼한 사회안전망이 지켜주는 나라여야 혁신의 용기도 새로운 성장도 가능합니다. 당력을 총동원해 '회복과 성장'을 주도하겠습니다. '기본사회를 위한 회복과 성장 위원회'를 설치하겠습니다.

사랑하는 국민 여러분!

제가 이 자리에서 '먹사니즘'과 함께 모두가 함께 잘 사는 세상, '잘사니즘'의 비전을 제시하는 이유가 있습니다. 우리가 만들어갈 변화는 너무 크고 막중하여 모두의 지혜를 모아야 합니다. 대립과 갈등을 넘어 힘을 모아야 합니다.

우리 앞의 난제들을 피하지 맙시다. 쟁점과 논란에 정면으로 부딪쳐, 소통과 토론을 통해 해결책을 만들고, 그 성과로 삶과 미래를 바꿉시다.

정치가 앞장서 합리적 균형점을 찾아내고 모두가 행복한 삶을 꿈꿀 수 있는 진정한 사회대개혁의 완성, 그것이 바로 '잘사니즘'의 핵심입니다. 새로운 세상, 더 나은 사회를 위해서는 충돌하는 이해를 조정해야 합니다. 실재하는 갈등을 피하지 말고, 대화하고 조정하며 타협해야 합니다. 공론화를 통해 사회적 대타협을 이뤄봅시다. 성장과 분배는 모순 아닌 상보 관계이듯, 기업 발전과 노동권 보호는 양자택일 관계가 아닙니다.

일자리가 유일한 복지이고, 사회안전망은 턱없이 부실한 현실에서 기업은 경쟁력을 위해 '노동 유연성'을 요구하지만, 노동자들은 '해고는 죽음'을 외칩니다. 고용 경직성을 피해 비정규직만 뽑으니, 생산성 향상도 한계가 있고, 노동시장 이중 구조는 더 심화합니다.

많은 시간과 노력이 필요하겠지만, 대화와 신뢰 축적을 통해 기업의 부담을 늘리고, 국가의 사회안전망을 확충하며, 노동 유연성 확대로 안정적 고용을 확대하는 선순환의 '사회적 대타협'을 이뤄내야 합니다.

AI 시대를 대비한 노동시간 단축, 저출생과 고령화, 생산가능인구 감소에 대비하려면 '정년 연장'도 본격 논의해야 합니다. 연금개혁처럼 당장 할 수 있는 것도 있습니다. 만시지탄이지만 국민의힘이 모수 개혁을 먼저 하겠다는 뜻을 밝혔습니다. 더 이상 불가능한 조건 붙이지 말고, 시급한 모수 개혁부터 매듭지읍시다. 보험료율 13%는 이견이 없고, 국민의힘이 제시한 소득대체율 44%는 민주당의 최종안 45%와 1% 간극에 불과합니다. 당장 합의 가능한 부분부터 개혁의 물꼬를 틔워봅시다.

경제 살리는 데 이념이 무슨 소용입니까, 민생 살리는 데 색깔이 무슨 의미입니까. 진보 정책이든 보수정책이든 유용한 처방이라면 총동원합시다. 함께 잘사는 세상을 위해 유용하다면 어떤 정책도 수용할 것입니다. 먹고사는 문제를 해결하는 '먹사니즘'을 포함하여 모두가 함께 잘 사는 '잘사니즘'을 새로운 비전으로 삼겠습니다.

존경하는 국민 여러분! '스스로 변하지 못하는 민주당이 대한민국을 변화시킬 수 있겠냐'는 엄중한 물음 앞에 거듭 성찰합니다. 우리 더불어민주당이 겹겹이 쌓인 국민의 실망과 분노를 희망과 열정으로 온전히 바꿔내지 못했습니다. 살을 에는 추위를 견디며 무능하고 부패한 권력자를 몰아냈지만, 권력의 색깔만 바뀌었을 뿐 내 삶이나 사회는 변하지 않았다는 질책을 겸허히 수용합니다.

맨몸으로 장갑차를 가로막고 총과 폭탄을 든 계엄군과 맞서 싸우며 다음은 과연 더 나은 세상일 것이냐는 질문에 더 진지하게 응답하겠습니다. 국민의 주권 의지가 일상적으로 국정에 반영되도록 직접 민주주의를 강화하겠습니다.

색색의 응원봉이 경쾌한 떼창과 함께 헌정 파괴와 역사 퇴행을 막아내는 현장에서 주권자들은 이미 우리가 만들 '더 나은 세상'을 보여주었습니다. 정치란 정치인이 하는 것 같지만 결국 국민이 합니다. 민주당이 주권자의 충직한 도구로 거듭나 꺼지지 않는 '빛의 혁명'을 완수하겠습니다.

국민이 나라의 주인으로 책임지고 행동한 그 소중한 경험을 토대로, 국민이 행복한 나라를 만드는 공복의 사명을 새기며, '민주적 공화국'의 문을 활짝 열겠습니다. 그 첫 조치로 국회의원 국민소환제를 도입하겠습니다.

회복과 성장을 위해 가장 시급한 일은 민생경제를 살

릴 응급처방, 추경입니다. 한국은행이 성장률을 두 달 만에 또 하향 조정했습니다. 계엄 충격으로 실질 GDP 6조 원 이상이 증발했고, 한 달 만에 외국인 투자자금 5조 7,000억 원이 빠져나갔습니다. 정부는 재정 확대를 통한 경기 회복의 골든타임을 놓치지 말아야 합니다. 민생과 경제 회복을 위해 최소 30조 원 규모의 추경을 제안합니다.

상생소비쿠폰, 소상공인 손해보상, 지역화폐 지원이 필요하고, 감염병 대응, 중증외상전문의 양성 등 국민안전 예산도 필요합니다. 공공주택과 지방 SOC, 고교무상교육 국비 지원도, AI, 반도체 등 미래산업을 위한 추가 투자도 필요합니다. 이미 말씀드린 것처럼, 추경 편성에 꼭 필요하다면 특정 항목을 굳이 고집하지 않겠습니다.

AI 중심 첨단기술산업을 육성합시다. 박정희 시대 경부고속도로 건설은 산업화의 초석이었습니다. 김대중 시대의 초고속 인터넷망은 ICT 산업 발전의 토대였습니다.

비록 우리가 뒤처졌지만, AI 산업에는 후발 주자도 기회가 있다는 희망을 딥시크가 보여줍니다. AI 혁명을 위한 정부의 강력한 드라이브가 필요합니다. 우선 국가 AI 데이터센터를 만들어야 합니다. 10만 장 이상의 AI 반도체 GPU를 가진, AI 데이터센터로 AI 산업을 지원합시다. 연구자, 개발자, 창업기업 누구나 쉽게 활용할 수 있는 AI 인프라를 구축하면 AI를 활용한 다양한 산업이 발전할 것입니다. 수준 높고 다양한 교육프로그램을 갖춘 AI 부트캠프(전문인력 집중양성기관)를 만들고, AI 기술 인력을 10만 명까지 양성해 AI 산업을 전략 자산으로 키워야 합니다.

과학 기술이 국가의 미래입니다. 미래를 주도할 과학 기술에 대한 관심과 지원이 대폭 강화되어야 합니다. 현재 국내 10위 기업 중 2개가 바이오 기업입니다.

향후 5대 바이오 글로벌 경쟁력을 보유하기 위한 국가 투자가 필요합니다. 인천과 충청권 등, 권역별 특화 발전 전략으로 R&D 및 금융 지원, 바이오특화펀드 등 투자 생태계 구축, 관련 의학자 등 전문인력 양성을 통해 바이오 산업 생태계를 강화합시다.

"오직 한 없이 가지고 싶은 것이 높은 문화의 힘". 백범 김구 선생의 꿈, 문화강국은 이제 더 이상 꿈이 아닌 현실이 되었습니다. 영화, 드라마, 게임, 웹툰, K팝, K푸드까지 한국 문화가 세계를 사로잡습니다. K-콘텐츠 수출이 이차전지도, 전기차도 넘어선 시대 문화가 곧 경제이고, 문화가 미래 먹거리입니다.

K-팝 열풍은 K-뷰티 열풍으로 이어졌고, 한국어 학습 수요가 증가하면서 한국어 학습시장의 성장으로 이어

졌습니다. 얼마 전 '흑백요리사'의 인기에 힘입은 'K-미식 여행'이 관광업의 새 활로가 되었습니다. K-컬처 관광 5,000만 시대, '버킷리스트 한국 관광'을 통해 국제적 한국 문화 열풍을 매출 증대와 좋은 일자리로 연결해야 합니다.

문화는 융합이 쉬운 만큼, 브랜드, 디자인 등의 경쟁력 강화를 적극적으로 지원해야 합니다. 문화예술 예산의 대폭 확대, 적극적 문화예술 지원으로 K-콘텐츠가 세계 속에 더 넓고 더 깊게 스며들게 합시다.

세계에서 가장 높은 군사 밀도, 군사강국에 둘러싸인 한반도의 지정학적 특성이 오늘날 괄목할 방위산업 발전의 토대가 되었습니다. 방위산업을 미래 먹거리로 적극적으로 육성합시다. 다변하는 미래 전장과 기술 환경에 맞춰 드론과 로봇, 장비 등의 연구개발에 지속 투자하고, 방위산업 협력국을 지속 발굴해야 합니다. 지정학적 위기를 기회로 만들어갑시다.

2023년 기준 우리의 에너지믹스 현황은 원자력 29%, 재생에너지 9%, 천연가스 28%, 석탄 33%입니다. 에너지 공급은 안정성, 친환경성, 경제성이 핵심입니다. 우리나라는 에너지원 대부분을 수입하고, 전력망이 고립된 사실상의 섬이어서, 에너지 자립과 에너지 안보가 무엇보다 중요합니다.

석탄 비중은 최소화하고 LNG 비중도 줄여가되, 재생에너지를 신속히 늘려야 합니다. 어디서나 재생에너지를 생산할 수 있도록 에너지고속도로를 건설해야 합니다. 전력 생산지의 전력요금을 낮춰 바람과 태양이 풍부한 신안, 영광 등 서남해안 소멸위기 지역을 에너지산업 중심으로 발전시켜야 합니다.

수출과 내수의 고리가 끊긴 지 오래입니다. 기업 매출 증가가 국내 재투자, 고용, 임금 인상에 연결되지 않습니다. 기업이 해외 투자에만 집중하면, 대한민국은 산업 공동화에 직면할 것입니다. 강력한 국내산업 진흥책을 적극적으로 추진할 때입니다. 국내 공급망을 중심으로 하는 '한국형 마더팩토리' 전략이 필요합니다. 마더팩토리를 거점으로, 소재-부품-장비의 국산화를 지원하고, 산학협력 등 혁신 생태계를 조성합시다. 특정 대기업에 대한 단순 지원을 넘어, 산업 생태계를 조성함으로써 성장의 기회도 결과도 함께 나눕시다.

최근 한국 주력산업인 철강과 석유화학이 위기를 맞았습니다. 국산 제품의 가격 경쟁력 약화에 미국 수출이 막힌 중국의 밀어내기가 겹쳤습니다. 이들 산업은 지역경제의 주축입니다. 관련 기업이 폐업하면 지역경제는 쑥대밭이 됩니다. 포항, 울산, 광양, 여수, 서산, 당진이 바로 그곳입니다. 긴급 지원이 필요합니다. 산업의 재구조화, 고부가가치 제품 개발을 위한 실증사업 지원이 필요합니다. 직업전환 훈련 등 노동자 대책과 지역상권 활성화 등 구조적 해법을 여야가 함께 논의합시다. 우선 이 지역들에 '산업위기대응특별지역' 선포를 제안합니다.

방탄소년단의 성공 비결 하나는 국내 무대에 갇히지 않은 것입니다. 그들은 처음부터 세계로 향했습니다. 대륙과 해양이 겹치는 한반도의 지정학적 위치도 같습니다. 상상력을 발휘합시다.

해양과 육지의 끝이 아닌 시작점이고, 해륙의 충돌지가 아니라 해륙 융합의 중심이 되어야 합니다.

지구온난화로 북극항로의 항해 가능 기간이 늘고, 물동량도 증가 중입니다. 동남권 발전의 발판이 될 북극항로에 긴 안목으로 관심을 가지고 준비할 때입니다.

남북을 관통한 대륙철도 연결, 그 출발지의 꿈을 잊지 맙시다. 북미 회담이 진척되면 남북 간 강대강 대치도 대화와 협력으로 전환될 수 있습니다. 그래서, 정치는 생물이고 영원한 적도 우방도 없다고 합니다.

시간이 걸리겠지만, 세계에서 부울경으로 모인 화물이 대륙철도와 북극항로를 통해 유럽으로 전 세계로 퍼져 나갈 미래 비전을 가지고 준비해야 합니다. 사천-창원-부산-울산-포항으로 이어지는 동남권을 해운-철도-항공의 트라이포트와 그 배후단지로 성장시켜야 합니다.

나라 안으로는 민주주의가 시험대에 올라있고, 밖으로는 총성 없는 전쟁이 시작되었습니다. 트럼프 2기 출범과 함께 국제 질서가 빠르게 재편 중입니다. 미국은 중국에 10%, 멕시코와 캐나다에 25% 관세를 예고하며 무역 전쟁의 서막을 열었습니다. 자국 우선주의가 지배하는 각자도생 시대 개막으로 수출의존도가 높은 우리는 더 어렵습니다. 시계 제로 상황이지만 손 놓고 있을 수는 없습니다. 정치가 앞장서 통상 위기에 대응해야 합니다. 국회 차원의 통상대책특별위원회 구성을 다시 제안합니다.

한미 동맹은 우리 외교·안보의 근간이며, 첨단기술 협력과 경제 발전을 위한 주요 자산입니다. 민주주의를 공동가치로 하는 한미 동맹은 친위군사쿠데타라는 국가적 혼란 앞에서 민주주의 회복을 위한 국민의 노력에 변함없는 신뢰와 연대를 보냈습니다.

자유민주진영의 도움으로 국가 체제를 유지하고 성장 발전해 온 우리는 앞으로도 자유민주진영의 일원으로서 그 역할과 책임을 다할 것입니다.

강경일변도 대북 정책에 따른 남북 관계 파탄과 북러밀착으로 한반도는 군사적 긴장이 고조되고, 사라진 대화 속에 평화는 요원해졌습니다. 어느 때보다 군사대비태세를 확고히 하고, 북핵 대응 능력을 제고하는 한편, 소통창구는 열고 대화 노력을 병행해야 합니다.

트럼프 대통령이 북미 회담 의지를 밝히는 상황에서 우리 정부는 북측에 대화 복귀를 촉구하고, 북미 대화에서 소외되지 않게 해야 합니다.

불법 계엄 관여로 국군의 사기가 말이 아니라 합니다. 어이없는 군사쿠데타에 일부 고위 장성의 참여는 사실이고, 이에 대한 책임 추궁은 불가피합니다.

그러나 우리는 여전히 국군 장병을 믿고 사랑합니다. 국민과 국회가 계엄을 신속하게 막은 것도 대통령의 불법 명령에 사실상 항명하며 국가와 국민에 충성한 계엄군 장병 덕분입니다.

군은 대통령 아닌 국민과 국가에 충성해야 합니다. 다시는 군이 정치에 동원되면 안 됩니다. 불법 계엄 명령 거부권 명시, 불법 계엄 거부자와 저지 공로자 포상 등 시스템 마련에 나서겠습니다.

사랑하는 국민 여러분!

반만년 역사가 우리를 지켜봅니다. 위대한 선조들이 우리를 내려봅니다. 우리 앞의 역경은 전례 없이 험준하지만, 그동안 이겨낸 수많은 위기에 비하면 극복하지 못할 일이 아닙니다. 우리 국민은 환란 때마다 하나로 뭉쳐 위기를 기회로 만들어 왔습니다.

일제의 폭압에 3.1운동으로 맞서며 대한민국 임시정부를 수립했고 분단의 아픔과 전쟁의 포화 위에 산업화를 이뤄냈습니다.

무자비한 독재에 맞서 민주주의를 쟁취했고, 아름다운 촛불 혁명으로 국민 권력을 되찾았습니다. IMF 위기에도 굴복하지 않았고, 위기를 경제 개혁 기회로 삼아 복지국가와 IT 강국의 초석을 다졌습니다. 이 모든 성취는 '더 나은 나라를 물려주겠다'는 통합된 국민 의지의 산물입니다.

우리 국민은 내란조차 기회로 만들 만큼, 용감하고 지혜롭습니다. 더불어민주당은 더 낮은 자세로 정치의 사명인 '국민통합'의 책무를 다하겠습니다. 공존과 소통의 가치를 복원하고 대화와 타협의 문화를 되살리겠습니다.

국가와 국민만을 위한 탈이념·탈진영 실용정치만이 국민통합과 미래로 나아가는 길이자, 회복과 정상화, 성장과 재도약의 동력이라 믿습니다.

굴곡진 우리 역사가 그랬듯 더디고 끝난 것처럼 보여도, 무력감에 잠시 흔들려도, 역사는 전진해왔고 또 전진할 것입니다. 지금 우리에게 필요한 것은 역사와 국민에 대한 확고한 믿음으로, 두려움 없이 나아가는 것입니다.

1945년 광복 직후, 가난과 빈곤에 힘겨웠던 선대들에게 '대한민국이 세계 10위 경제강국이 될 것'이라 말했다면 어땠을까요? 군부 독재 폭력으로 희생된 선열들에게 '대한민국이 세계가 인정하는 모범적 민주국가가 될 것'이라 말했다면 어땠을까요?

죽은 자가 산 자를 구하고 군사쿠데타의 아픈 기억이 오늘의 대한민국을 살렸듯이, 2025년의 우리 국민이 우리의 미래를 구할 것입니다. 오늘의 대한민국 국민은 '국민이 나라의 주인임을 선포하고 내란마저 극복한 대한국민'임을 마침내 증명할 것입니다.

'모두의 질문Q'를 시발로 연대와 상생, 배려의 '광장'에서 펼쳐질 '국민중심 직접민주주의'는 '제2의 민주화'로 자리 잡을 것입니다. 지금부터 시작될 '회복과 성장'은 사라진 꿈과 희망을 복원하는 '제2의 산업화'가 될 것입니다.

민주당이 앞장서겠습니다. 꺼지지 않는 오색의 빛으로 국민이 가리킨 곳을 향해 정진하겠습니다. 좌절과 절망을 딛고 대한국민과 함께 다시 일어나 다시 뛰는 대한민국 꼭 만들겠습니다.

트럼프 2.0시대의 파고를 넘어 도약할 방책

이재명은 이로써 대내적으로는 12.3 내란 이후 혼란한 정국을 수습하여 다시 일어서 나아갈 비전과 대외적으로는 트럼프 2.0시대의 파고를 넘어 도약할 방책을 제안했다.

국정 전반의 구체적인 혁신 과제와 과제를 수행할 방향은 지난 대선 때부터 이미 제시해온 바가 있고, 3년 가까이 흐른 지금도 별 변화를 이루지 못하고, 오히려 퇴행한 부분이 많아 그것의 상당 부분은 여전히 유효하거나 더 절박하게 필요해졌다.

무엇보다 이익집단화하여 본연의 사명과 공정성을 잃고 국가의 기틀을 훼손하는데도 제어되지 않는 검찰 혁신이 시급하다는 인식으로, 검찰의 독립성과 민주적 운영을 보장하되 본질상 국민이 검찰을 감시하는 시스템을 만드는 것을 구상한다. 따라서 검찰권에 대한 국민의 직접적 통제 방안을 여러 가지로 찾아내야 하는데, 그중 하나가 지방검찰청 검사장 직선제다. 미국처럼 검사장을 주민이 직접 선출하게 되면 동일한 권한을 가진 지방검찰청 간에 상호 견제가 가능해진다. 선출된 검사장은 차기 선거에서 재신임을 얻기 위해 국민을 의식하지 않을 수 없게 되어 결국 국민에 의한 검찰 통제가 가능해진다. 선출된 검사장의 전횡을 막기 위해 임기 중이라도 파면시킬 수 있는 주민소환제가 함께 도입될 필요가 있다. 또 검사장 직선제를 전제로 검찰의 인사·기획·행정 등은 독립기구에서 담당하도록 해서 검사는 수사·기소·공소 유지 등 본래 업무에만 전념하게 해야 한다.

또 하나의 방안은 현재 수사권과 기소권을 독점으로 틀어쥐고 있는 집중된 권한을 분리하여 검찰은 기소만 맡게 하여 검찰청을 기소청으로 개편하는 것이다. 그리고 검찰과 경찰로부터 독립된 국가수사청을 개설하여 현재 검찰이 맡은 수사권을 행사하게 한다. 그에 더하여 감사원과 각 중앙부처의 조사국을 강화하여 수사 권한을 부여하고 수사 검사를 배치함으로써 검찰을 직무별로도 분리하고, 소속기관별로도 분리하여 지금처럼 민주주의를 위협할 정도로 괴물이 되는 것을 원천봉쇄하자는 것이다.

또 경제민주화를 위해서는 대기업 지배 구조의 '공공화(公共化)'가 필요한데, 그러려면 경영 내부 구조를 바꿀 필요가 있다. 구미 선진국은 기업의 의사결정에 참여하는 이사 중 적어도 3분의 1 이상이 노동자다. 기업 내부를 잘 아는 노동자가 기업 경영에 참여하면 이사회가 함부로 부당한 결정을 내릴 수 없게 된다. 기업 경영의 민주적 구조화는 기업의 투명성을 높여 지속 가능성을 키우는 것임은 이미 확인되고 증명되어 이론의 여지가 없다. 그런데도 사업주 측이 반대하는 것은 그동안 누려온 독점적이고 특권적 지위에 대한 욕망을 포기

할 수 없기 때문이다. 이 욕망의 비용을 받아 영달을 영위하는 언론과 정치 세력이 경제민주화를 말하면 '빨갱이'로 몰아가는 작태가 21세기 백주에 아직도 횡행하고 있으니 안타까운 일이다.

노동 정책은 윤석열 정부에서 퇴행하여 노동 환경이 더욱 열악해졌다. 노동조합마저 척결해야 할 반국가 세력으로 매도당함으로써 노동자는 자긍심을 잃고 노동은 그 가치가 훼손되었다.

우리 노동 현실은 법정 초과근로시간인 주 52시간을 넘어 일하는 노동자가 360만 명이 넘는다. 법을 지켜 52시간 초과 근로분을 신규 고용으로 대체하면 50~60만 개 일자리가 생긴다. 노동법만 제대로 지켜도 AI로 인해 줄어드는 일자리를 상당 부분 보전할 수 있다. 노동을 보호하라는 노동부가 앞장서서 불법 노동기업의 앞잡이 노릇을 하는 구조를 혁신해야 한다.

현재 국방 구조는 과학기술의 발달에 따른 변화를 제대로 반영하지 못하고 있다. 병력 감축과 무기 첨단화에 선택적 모병제를 시행하면 큰 비용을 더 들이지 않고도 '스마트 강군'으로의 전력 강화와 의무복무기간 단축이라는 두 가지 목적을 동시에 이룰 수 있다. 병력을 애초 계획대로 13만 명 줄여 50만 명으로 하고, 10만 명의 전문 전투병과 고가 고성능 장비 무기 담당 전문병사를 모병하면, 의무 복무 인원이 현재 43만 명에서 20

만 명으로 줄어들어 복무기간을 현재의 18~21개월에서 절반 수준으로 단축할 수 있고 전투력도 강화된다. 모병 10만에 연간 3조 원 정도가 소요된다고 가정해도, 병력 감축에 따른 비용 절감분에 약간의 예산만 추가 투입하면 될 것이다.

기본사회 구현,
더 나은 세상의 문을 여는 첫걸음
세상 모든 이념 너머의 이념, 이재명의 잘사니즘

잘사니즘을 실현하는 출발은 '기본사회'

지난 2025년 3월 20일, 이재명과 경제 전문가 9인이 "위기를 기회로 바꿀 한국경제 처방전"으로 《잘사니즘, 포용적 혁신 성장》(다반)을 내놓았다.

국내외 경제 여건이 녹록지 않은 상황에서 내란 사태까지 겹쳐 성장률 전망치가 2%대에서 1%대로 주저앉은 현실은 우리 경제의 초비상사태다. 이 위기를 슬기롭게 넘어서지 못하면 가장 먼저 그렇잖아도 어려운 서민의 기본 삶조차 허물어지고 말 것이다. 기층 민중의 삶이 무너지면 중산층의 삶이 무너지는 것도 금방이고, 결국은 급격한 경제 기반의 붕괴로 기업도 설 자리를 잃게 된다.

이런 사정으로 이재명은 경제 위기를 극복하고, 그 위기를 오히려 기회로 삼는 일에 역량을 집중하자 제안하고, 그 구체적인 방안을 9명의 전문가와 함께《잘사니즘, 포용적 혁신성장》에 집약해 내놓은 것이다.

잘사니즘을 실현하는 출발은 '기본사회'일 것이다. 기본사회는 이재명이 성남시장 재임 시부터 끊임없이 궁리하고 실험해온 핵심 정책으로 진정한 자유민주주의 구현의 초석이자 기둥이다. '자유'에는 두 가지 개념이 있는데, 하나는 신체가 구속받지 아니하는 소극적 의미의 자유다. 다른 하나는 물질적 조건에 의해 자유로운 선택이 침해당하지 않아야 한다는 적극적 의미의 자유다. 가령, 쌀이 없어 밥을 굶는 사람은 부당한 조건을 감수하고서라도 노동을 팔아 쌀을 사야 하므로 자유 상태가 아니라는 것이다. 그러니 기본사회는 모든 국민의 기본권을 보장하는 사회를 말한다. 적어도 먹고살 돈이 없어 자신의 자유 의지를 포기하는 일이 없는 사회를 의미한다.

기본사회 구성의 요건을 이루는 기본권은 우리 헌법에 조목조목 적시되어 있다. 오늘날 우리 사회가 안고 있는 문제는 적어도 헌법의 문제는 아니다. 현행 헌법만 제대로 지켜도 일어나지 않을 문제들이다. 그런데도 개헌만 하면 모든 문제가 해결될 것처럼 호도하는 개헌만능론은 다분히 정치적 이해관계가 개입되었다는 혐의를 지울 수 없다. 그렇다고 개헌이 필요 없다는 얘기는 아니다. 40년 묵은 낡은 체제를 손

볼 때가 되었다는 데에는, 그리고 몇 가지 시대착오의 결함이 있다는 데에는 동의하지만, 모든 문제를 헌법의 문제로 치환하여 개헌에 안달하는 데에는 동의할 수 없다는 얘기다.

기본사회 운영에 필요한 4가지 원칙

잘사니즘의 대강은 앞의 칼럼에서 언급한 이재명의 국회 교섭단체 대표 연설에 잘 정리되어 있다. 여기서는 민주연구원장 이한주 박사가 정리한 〈기본사회와 베이스캠프〉에 주목한다. 이한주는 기본사회가 운영되는 데 필요한 4가지 원칙을 든다.

하나는 기본사회를 구현하는 원칙인 '공정으로서의 정의'다. "정의 원칙은 불평등을 부정하지 않는다. 다만 그것이 기회의 불평등에서 비롯되어서는 안 된다. 각자의 노력에 따른 결과의 불평등만이 용인된다. 모든 국민의 기본적 권리와 삶을 보장해 같은 출발선에 서게 하는 것, 같은 출발점에서 경쟁한 결과에 승복하는 것이 기본사회다."

또 하나는 기본사회를 운영하기 위한 정치 질서인 '심화한 민주주의'다. "이번 12.3 불법 계엄으로 분명해졌지만, 민주주의는 국민의 기본권을 지키기 위한 최선의 정치체제다.

오로지 국민이 주인일 때만 주권자 자신의 권리를 정하고 보장받을 수 있다. 기본권은 주어지는 것이 아니라 만들어가는 것이라는 점에서도 기본사회 운영을 위해 (적극적) 민주주의는 꼭 필요하다."

셋째 원칙은 기본사회가 구체적으로 실현되는 모습이자 원리인 '역량 접근'이다. 대중이 교육을 받지 못해 자신의 정치적 의사를 표현할 수단을 갖지 못하면 대중의 역량이 제한되어 민주주의를 꾸려가는 주체인 시민을 기를 수 없다. 그러므로 역량 접근의 위기는 민주주의의 위기라고도 할 수 있다.

넷째 원칙은 인간과 환경 그리고 세대를 넘어 기본사회를 유지하기 위한 '지속가능성'이다. **"기본사회는 모든 국민의 기본적 삶을 보장할 수 있는 수준으로 생산하고 소비해야 하지만, 이것이 환경을 위협해 미래 세대의 기본적 삶을 침식해서는 안 된다. 이는 현세대의 기본적 삶을 위해 후손의 기본적 삶을 약탈하는 행위이다. 모두에게 기본적 삶을 보장하도록 생산하되 효율적이고 합리적인 분배로 한계를 정해야 한다. 따라서 기본사회는 협력과 연대와 절제로 현재의 환경을 보호해 기본권의 보장을 지속가능하게 만들고 세대를 넘어 번영하는 사회다."**

에필로그

이재명의 인간학으로서의 정치

〰️

* 여기서는 이재명 정치의 연원을 밝히려 했다. 그런데 이재명 자서전인 《이재명의 굽은 팔: 굽은 세상을 펴는 이재명의 삶과 공부》(이재명·서해성, 김영사, 2017) 〈인간학으로서 정치: 김대중과 노무현의 세 가지 유산〉에 그 연원을 상세히 밝힌 바, 그 요지를 발췌하여 에필로그를 대신한다.

김대중을, 정치인이기 전에 인간 김대중을 보고 나는 비로소 꿈을 꾸어도 좋겠다고 생각했다. 그는 전라도 끝 해안 너머 섬사람이었고 목포로 나와 중학교(6년제)를 마친 뒤 세상 중심을 향한 항해를 멈추지 않았다. 오래도록 나는 그를 비하했다. 경상도 사람으로서, 그는 내가 퍼부은 비난과 모욕까지도 기꺼이 감내하고 전진해갔다. 그럴수록 나와 내 주변 사람들은 그에게 더 심한 욕을 퍼부었다.

　인간 김대중은 자기 처지와 근거 없이 들어야 했던 온갖 수모까지도 끝내는 자기 근육으로 바꿔낸 현대사의 영웅이었다. 영남 사람들이 그에게 지역우월주의를 들이댄 건 그를 인정하고 싶지 않았다는 걸 나는 안다. 그것 말고는 아무 이유도 없었다. 한 불세출의 인물이 전라도 사람이라는 걸 받아들이고 싶지 않았기 때문이다. 박정희가 뿌린 독의 씨앗은 저마다의 몸 어딘가에 숨어 자라다가 얼굴을 내밀곤 했다. 그 가식과 위선과 허울의 폭력을 벗어던졌을 때 김대중은 내 인생에 빛을 던진 첫 사람이었다.

　고백하건대, 내 운명은 어쩌면 그를 너무 많이 닮았다. 달리 가진 게 없었고, 제도권 교육을 통해 크게 배우지 못했고, 숱한 냉대와 차별을 겪어야 했다. 광주항쟁을 통해 지역주의 껍질을 완전히 벗어던졌을 때 그는 밖에서 내게로 왔다기보다 내 안에서 발견되었다. 나는 실은 인간 김대중을 몹시 흠모했다. 그의 삶에서 강렬한 동일시를 느낀 게 어찌 나뿐이겠는가.

　나는 그의 포효하는 분노가 세상에 대한 사랑이라는 걸 잘 안다. 1987년 겨울, 대통령 선거 대구 유세장에서 사람들이 돌과 막대기를 던지자 그는 외쳤다.

　"나는 그런 것을 무서워하는 사람이 아니오!"

　나는 그걸 보면서 내 무릎에 힘이 들어가는 걸 느꼈다. 나는 그와 함께 일어서고 싶었던 것이다. 나는 그의 절룩거리는 한쪽 다리가 되어주고 싶어서 굽은 팔을 다른 손으로 꽉 쥔 채 눈물을 흘렸다.

인간 김대중과 가장 닮은 사람 한 명을 꼽으라면 노무현이다. 인간 노무현이다. 그 또한 김대중과 닮은 경로로 살아왔다. 2001년 12월 10일 힐튼호텔, 노무현은 제16대 대선후보 출마 선언을 하며 외쳤다. 나는 이때 노무현의 연설[32]과 1979년 7월 19일 효창운동장 백만 청중을 울린 김대중의 연설[33]을 가슴에 새겨 잊지 못한다.

우리는 김대중, 노무현 두 지도자의 출현을 말할 때, 두 삶이 지닌 시대모순과 자기모순을 치열하게 돌파해낸 용기를 빼서는 안 된다. 인간 김대중과 인간 노무현은 내세울 아무 배경도 없었지만, 대지를 태울 듯한 거침없는 기백으로 살아왔다. 두 사람에게는 한낱 대통령 지위가 아니라 세상을 바꿀 대통령이라는 직무가 필요했다. 고백하건대, 나는 할 수만 있다면 두 거인의 유산을 계승하고 싶다. 그것은 바로 인간학으로서 정치다. 정치란 인간이 하는 일이다. 그 완성도 당연히 인간학이어야 한다.

---

32 https://www.youtube.com/watch?v=8EqkwnRy8oA
33 https://www.youtube.com/watch?v=_3pd8ZosyJc

참고문헌

가이 스탠딩, 안효상, 《기본소득: 일과 삶의 새로운 패러다임》, 창비, 2018.

김민정·김현정, 《인간 이재명》, 아시아, 2021.

김용민, 《마이너리티 이재명》, 지식의숲, 2020.

김태형·박사랑, 《이재명의 스피치》, 서해문집, 2022.

라이언 홀리데이, 이경희, 《정의 수업》, 다산초당, 2024.

민병선, 《이재명의 외로운 전쟁》, 민들레북, 2023.

박상훈, 《민주주의의 시간》, 후마니타스, 2019.

박상훈, 《정치적 말의 힘》, 후마니타스, 2022.

박영규, 《세종의 원칙》, 미래의창, 2021.

버니 샌더스, 홍지수, 《버니 샌더스의 정치혁명》, 원더박스, 2015.

《세종실록》, 105권, 1444. 윤7. 25.

윤상돈, 서울신문, 2002년 5월 6일.

이재명 외 9인, 《잘사니즘: 포용적 혁신 성장》, 다반, 2025.

이재명, 《그 꿈이 있어 여기까지 왔다》, 아시아, 2022.

이재명, 《이재명은 합니다》, 위즈덤하우스, 2017.

이재명, 《함께 가는 길은 외롭지 않습니다》, 위즈덤하우스, 2022.

이재명·서해성, 《이재명의 굽은 팔》, 김영사, 2017.

임종성, 《정치본색》, 모아북스, 2023.

정호준, 《미래예보》, 모아북스, 2023.

최경준, 《이재명과 기본소득》, 2021.

https://www.clien.net/service/board/park/18937421(붕어빵아헤엄쳐라님)

https://www.ilovepc.co.kr/news/articleView.html?idxno=53310

https://www.peoplepowerparty.kr/news/data_promotion_view/105904?page=1&

이재명,
흔들리지 않는
원칙

초판 1쇄 인쇄	2025년 04월 07일
1쇄 발행	2025년 04월 15일

지은이	임종성
발행인	이용길
발행처	모아북스 MOABOOKS

총괄	정윤상
편집	김이수
디자인	홍시
관리	양성인
홍보	김선아

출판등록번호	제10-1857호
등록일자	1999. 11. 15
등록된 곳	경기도 고양시 일산동구 호수로(백석동) 358-25 동문타워 2차 519호
대표 전화	0505-627-9784
팩스	031-902-5236
홈페이지	www.moabooks.com
이메일	moabooks@hanmail.net
ISBN	979-11-5849-270-0 03810

· 좋은책은 좋은 독자가 만듭니다.
· 본 도서의 구성, 표현안을 오디오 및 영상물로제작, 배포할 수 없습니다.
· 독자 여러분의 의견에 항상 귀를 기울이고 있습니다.
· 저자와의 협의 하에 인지를 붙이지 않습니다.
· 잘못 만들어진 책은 구입하신 서점이나 본사로 연락하시면 교환해 드립니다.

모아북스 MOABOOKS 는 독자 여러분의 다양한 원고를 기다리고 있습니다.
(보내실 곳 : moabooks@hanmail.net)

당신이 생각한 마음까지도 담아 내겠습니다!!

책은 특별한 사람만이 쓰고 만들어 내는 것이 아닙니다.
원하는 책은 기획에서 원고 작성, 편집은 물론,
표지 디자인까지 전문가의 손길을 거쳐
완벽하게 만들어 드립니다.
마음 가득 책 한 권 만드는 일이 꿈이었다면
그 꿈에 과감히 도전하십시오!

업무에 필요한 성공적인 비즈니스뿐만 아니라 성공적인 사업을 하기 위한 자기계발, 동기부여, 자서전적인 책까지도 함께 기획하여 만들어 드립니다.
함께 길을 만들어 성공적인 삶을 한 걸음 앞당기십시오!

도서출판 모아북스에서는 책 만드는 일에 대한 고민을 해결해 드립니다!

모아북스에서 책을 만들면 아주 좋은 점이란?

1. 전국 서점과 인터넷 서점을 동시에 직거래하기 때문에 책이 출간되자마자 온라인, 오프라인 상에 책이 동시에 배포되며 수십 년 노하우를 지닌 전문적인 영업마케팅 담당자에 의해 판매부수가 늘고 책이 판매되는 만큼의 저자에게 인세를 지급해 드립니다.

2. 책을 만드는 전문 출판사로 한 권의 책을 만들어도 부끄럽지 않게 최선을 다하며 전국 서점에 베스트셀러, 스테디셀러로 꾸준히 자리하는 책이 많은 출판사로 널리 알려져 있으며, 분야별 전문적인 시스템을 갖추고 있기 때문에 원하는 시간에 원하는 책을 한 치의 오차 없이 만들어 드립니다.

기업홍보용 도서, 개인회고록, 자서전, 정치에세이, 경제 · 경영 · 인문 · 건강도서

모아북스
MOABOOKS   문의 0505-627-9784

삶을 업그레이드 하는 더 나은 삶 ——— 모아북스 정치·사회 도서

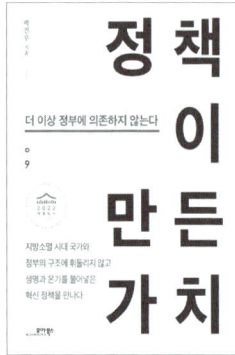

정책이 만든 가치

박진우 지음 | 320쪽 | 22,000원
2022 세종도서 교양부문 선정

차기대권론 | 양장

김재록 지음 | 416쪽 | 25,000원

의정활동기

맹진영·이용욱·윤유현·제갑섭·문규주
지음 | 292쪽 | 20,000원

정부예산,
결산 분석과 감시

조일출 지음 | 264쪽 | 20,000원

_____ 모아북스 정치·사회 도서

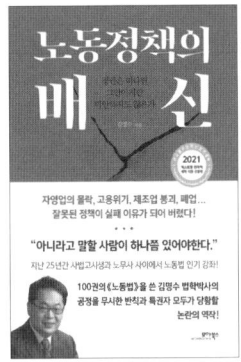

노동정책의 배신 | 양장

김명수 지음 | 304쪽 | 22,000원
2021 텍스트형 전자책 제작 지원 선정

내 손을 잡아줘

김선우 지음 | 264쪽 | 20,000원

법에 그런 게 있었어요?

강병철 지음 | 400쪽 | 15,000원
2021 텍스트형 전자책 제작 지원 선정

공소시효

강해인 지음 | 216쪽 | 15,000원
2021 텍스트형 전자책 제작 지원 선정

모아북스 경제 · 경영 도서

미래예보
정호준 지음 | 280쪽 | 20,000원

포스트 AI 시대 잉여인간
문호성 지음 | 272쪽 | 18,000원

금융에 속지마
김명수 지음 | 280쪽 | 17,000원

숫자에 속지마
황인환 지음 | 352쪽 | 15,000원
2017 세종도서 교양부문 선정

모아북스 인문 도서

세종실록에 숨은
훈민정음의 비밀

우세종 지음 | 288쪽 | 19,800원

베스트셀러
절대로 읽지마라

김욱 지음 | 288쪽 | 13,500원

독서로 말하라

노충덕 지음 | 240쪽 | 15,000원

2018 문화체육관광부 주최 도깨비 책방 선정

내 글도 책이 될까요?

이해사 지음 | 320쪽 | 15,000원

2021 우수출판콘텐츠 선정작

모아북스 인문 도서

**누구나 쉽게
작가가 될 수 있다**

신성권 지음 | 284쪽 | 15,000원

걷다 느끼다 쓰다

이해사 지음 | 364쪽 | 15,000원

별일 없어도 읽습니다

노충덕 지음 | 312쪽 | 18,000원

4차 산업혁명의 패러다임

장성철 지음 | 248쪽 | 15,000원